プロ施主になって
家づ
10 しむ本

ホームインスペクター・ 築士
市村 崇

廣済堂出版

はじめに

インスペクターという聞き慣れない仕事を、当法人（一般社団法人　住まいと土地の総合相談センター）顧問の市村博がスタートさせてから四半世紀が過ぎようとしています。

かつては秋住事件（1998年の欠陥住宅集団訴訟）や構造計算書偽造問題（2005年の耐震強度偽装マンション事件）など、業界の信頼を根底から覆すような信じられない出来事も起こる中、家づくりやハウスメーカーなどに関する情報もまだ少なく、一般消費者はマイホームの夢に浸る一方で恐怖や不信感を持ちつつ家づくりを進めなければいけない……そんな状況でした。

今ではインターネットの普及により、当時とは段違いの情報があふれ、簡単に情報取得ができます。しかし、簡単に手に入る情報は作り手側が発信者となっているものばかりで、良質な情報にはなかなか出会えないのも事実です。本書を手に取って頂いている皆さんは、そうした事実をご存じの方も多いと思います。

時代の流れとともに、家づくりの指針や方向性も大きく様変わりしました。戦後から始まった住宅大量供給の流れは止まり、建てては壊し、建て替える「スクラップ&ビルド」から、長寿命化を目指した住宅提言への移行。家づくりは今、大きくパラダイムシフトの時代を迎えています。

耐震性能や断熱性能など、スペックに関して、勉強熱心な方はインターネットや本で勉強し、知識を蓄えています。中には、住宅会社の営業マンの知識量をはるかに凌駕する『プロ施主』と呼ばれるような人たちも見受けられるようになりました。

情報が少なかった時代は、「住宅のプロが言っているんだから間違いない！」という根拠のない大らかさで、多くの人がマイホームの建築を任せていました。そして後になってそのことを後悔したり、ひどい場合には訴訟になったり、追加で高額なお金を請求されたりした、というケースがかなり発生していたのは事実です。

そういうことが後を絶たないので、第三者としてチェックに入り、大きな問題になるのを未然に防ぐ「インスペクター」という職業が成り立つわけで、本来なら、私たちのもとへ「助けてください！」と駆け込んでくる人が多いのは、好ましい状況ではありません。

建て主の方々から相談があれば、私たちはもちろんサポートをさせていただきますが、そもそも「これは何か違うぞ」とか「騙されているかも」と気づくことができなければ、相談することもできません。

住宅会社を選ぶにしても、自分の判断で「ここなら間違いない」という目を養っておけば、後悔する確率はかなり下がります。また、特許工法のハウスメーカーは別にして、ビルダーや工務店と呼称される住宅会社が建てる家の基本はみな一緒ですから、家づくりの原理原則を知っておけば、「おかしい」と気づくこともできます。

これからは、家を建てる消費者の皆さん自身が家づくりを勉強し、できれば「プロ施主」と言われるほどの「もの言う消費者」になるべき時代が来ていると、私は思います。

家づくりにかけるお金は、少なくとも何千万円。場合によっては億単位にもなる大変な金額です。それだけのお金をつぎ込むわけですから、「後悔した」「騙された」といった事態になるのは避けたい。そのお金を稼ぐためにしてきた苦労を考えたら、当然のことです。

そこで本書は、私たちの過去のインスペクション経験をできる限り開示し、皆さんが『プロ施主』となって、皆さんの家づくりを成功に導けるようにと、心血を注ぎ書き上げたものです。

後悔先に立たず。困った事態が起こってしまってから後悔しても遅いのです。皆さんの家づくりを成功させるため、この一冊をお届けします。

一般社団法人　住まいと土地の総合相談センター

代表理事　市村崇

CONTENTS

目次 プロ施主になって家づくりを10倍楽しむ本

PART

04

契約～直前工事

契約書チェックと解体・擁壁工事

PART 05

PART 06

建前工事 床、柱、梁はここをチェック！

PART 07

屋根、天井、壁、サッシ 要チェックポイントが目白押し

PART 09

外装仕上げ①

防水――水の浸入を防ぐ透湿防水シートに注目！

PART
10
外装仕上げ②
外壁タイル、左官工事

PART
11
配線、仕上げ工事
指摘多数の床・壁仕上げ

PART 01

依頼先の探し方①

情報収集のカギは「テーマ設定」

プロ施主って何だ？

住宅業界では、今、あるフレーズが注目されています。

それが『プロ施主』です。

ビルダーや工務店などでは、自分たちを凌駕するほどの知識を持つ施主の方々のことをそう呼んでいます。ただ「プロ施主」の定義はまだ曖昧で、ポジションによっても異なるようですが、次のような方をそう呼んでいるケースが多いと思います。

- 住宅の商品や材料知識をプロ並み、または、それ以上に持つ方
- 物理や化学を得意とし、特に「断熱」や「気密」に対し、優れてロジカルな思考を持つ方
- 管理業務を職業とする方で、ゆえにマネージメント能力に長け、家づくりに関しても仕事の進め方を厳しく問う姿勢を持つ方
- 製造業に従事するゆえに、住宅も「製品」と捉え、その品質管理の在り方を厳しく問う姿勢を持つ方

このようなスキルを持ち、すでに自分の家を建てた経験者の方が、その経緯やその後の経過などをＷＥＢ公開する。そして、これからマイホームを建てようという方がそれを勉強して自分の家を建て、その経験を同じように公開する――こういう具合に「繰り返し相乗効果」によって、「プロ施主」が増えていっている、というのが「プロ施主派生」の主な流れかと思います。

一方、こうした一般の「プロ施主発の情報」と見えるものの中に、実は家を売るビジネスをしている「業界側」であるものも数多く存在します。

広告に見えない広告手法を「ステマ（ステルス・マーケティング）」と言いますが、住宅会社はWEBステマ戦略を積極的に行っています。どこか後ろめたい思いをしながら営業活動にいそしんでいるわけですが、建築業界以外でもあまりに横行したため、ステマを規制する法律も施行されました。

さらには、各種SNSを駆使した「紹介斡旋ビジネス」。これを目的とした情報発信も目に留まります。それ以外にも、利害関係の全くない第三者による根拠のない好き勝手な評価、過去に住宅会社とトラブルになった方の逆ステマ情報など……まさにカオス状態になっているのが現状です。

ですから、あなたがもし「プロ施主」となって（志して）、後悔のない家づくりがしたい、と思うのであれば、その第一歩は嘘やまやかし、誇張などが氾濫する情報の中から、質のよい情報を選別、取得しなければなりません。

本書は、「家づくりで後悔したくない。騙されたくない。それなら自分もある程度は勉強するしかない」と思っている方々のための本です。

「プロ施主」の定義は曖昧ですが、「私はこういうところでつまづき、こうやって勉強し、プロのサポートも借り、自分が納得のいく家づくりをしました」と言えるぐらい意欲的に家づくりに取り組んだ人、そして、その経験を人に伝えたいと思っている人を「プロ施主」と呼んでいいと思っています。

この本を手にとった皆さんは、きっとそういう「プロ施主」を目指していることでしょうから、「家を建てたい！」と思った段階から、順を追って何をすればいいのか？　どうやってチェックをするのか？　を限られたボリュームの中で伝授させて頂きます。

情報収集のコツ

さて、まずは情報収集です。第一歩として欲しい情報を細分化しましょう。

それぞれの立場や考え方によって、欲しい情報は当然違ってきます。例えば、土地を買うことからスタートする方は真っ先に「土地情報の選び方」を知りたいでしょうし、建て替えの方は、解体費用がいくらぐらいか知りたい方もいるでしょう。

土地を探すなら、不動産業に精通している方でないと有益な情報は出ませんし、解体工事に関しては工事発注の実務経験者でないと想像もつきません。

家づくりに必要な知識は多岐にわたります。特に次のような情報は専門性が高く高度な知識と経験が必要です。

- ●住宅ローンに関すること
- ●相続に関すること
- ●建築資金計画に関すること
- ●登記に関すること
- ●不動産売買（土地を買う、家を売る）に関すること
- ●不動産管理（アパートを経営する）に関すること
- ●住宅商品知識
- ●家に関する各性能（耐震の事、断熱の事、気密の事、設備のこと）
- ●家の意匠に関すること（間取りなど含む）
- ●契約書の内容や民法などの法律

これらの多くは、独占資格であり、国が業務に従事する上で必要とする資格を定めていますから、本来であれば、無資格者が専門性の高い分野の情報を

流布することはかなり危険です。情報収集をする上では、まずはこのことを十分に理解してください。

もっとも資格だけあって実務経験が少ない場合の情報も、質のいいものは少ないですから、発信者が資格者であっても「何をしてきた人か」の見極めは重要です。良質な情報を持っている人であるか否かの判断材料としては最低限、次のようなことが言えると思います。

●法人名、または個人事業の屋号を明示している
●自分の名前を出している
●顔写真など確認できる

このようなことをクリアしていれば社会的な責任を理解して、無責任なことは言えない人だと一応判断できると思います。

●キャリアが把握できる（昔何をやっていて、今は何をやっているのか）
●事例をもとに解説している
●SNSなどが〝適度な〟更新頻度である

実務経験で何をしてきた人なのかは重要です。特に専門性の高い情報を求めるのであれば、気にするようにしましょう。また、今何をやっているかは事例紹介の有無で想像できます。写真の使いまわしが多い、絵や文章だけで情報発信をしていると不安を持ちますね。かつてインスペクションした工務店などでは、他社施工実例の写真をＨＰに掲載していた……なんていう驚きの事実もありました。

匿名性が高いのがＷＥＢ情報ですから、その見極めとそれぞれの情報取得先のベンチマークをいくつか抱えながら情報収集をしてみてください。

プロ施主チェック！【情報収集】

- 家づくりを失敗したくなければ、自分で（ある程度）「勉強する！」と決心する
- 気になる会社をベンチマークし、採用してもいいかな？と思ったものを整理していく
- 公開情報をそのまま鵜呑みにせず、別の角度から情報真偽をチェックする

住宅会社選びの前準備

事前知識を蓄えたら、自邸（マイホーム）を注文する「住宅会社」をどうやって選べばいいか？に移行します。テレビコマーシャルなどでよく見る大手のハウスメーカーと違い、あまり知られてはいませんが、工務店やビルダーもかなりの数が存在します。

やみくもに資料を請求するのは嫌だな……という方がスーモカウンター、住まいの窓口といったマッチング窓口を利用するケースを見受けます。

しかし「無料相談」と言っている彼らも「紹介してナンボ」の斡旋商売です。紹介会社が皆さんと工事契約をすると、その会社から斡旋料が発生して初めて彼らの商売が成立します。だから、毛色の違う「複数の会社」を紹介されることはよくあります。例えば、大手鉄骨メーカー、大手木造メーカー、中堅メーカー、工務店、設計事務所の5社を紹介されるような場合です。これでは自分の思い描くイメージとマッチングする会社と出会う確率は少ないでしょう。

それよりも自邸に求めるテーマを最初に決め、そ

れにマッチングする「住宅会社を自分で調べ始める」ことが良さそうです。テーマを決めるときに重要なのは「なぜ家を建てることにしたのか？」と「その家でどのように生きていきたいか？」です。

マイホーム建築のきっかけの多くは家族構成の変化です。

なぜ家を建てることにしたのか？……子供が生まれ、現在の住居が手狭になったから

どのように生きていきたいか？……子供が健康で、家族仲良く笑顔のある生活がしたい

このようなテーマを持って家づくりをスタートさせるケースが多いのですが、実は住宅会社選びをスタートするのに、これだけでは準備不足です。もう少し深掘りしておかないと、住宅会社の巧みな営業トークによってテーマをすり替えられてしまいます。

できればここから、より具体的なものに落とし込んでいきたいので、次のような作業をしてから住宅会社選びに臨んでください。

プロ施主チェック！【家づくりのテーマ設定】

- 自分たちにとって「理想の家を建てる」とは何か？　を考える
- 家族間で十分に話し合い、家づくりの優先順位を付けておく
- ライフサイクルシートを作成し、これからの生活を具体的にイメージしておく

ライフサイクルシートの一例

	自分	妻	長男	長女	母	
2024年	38才	36才	8才	4才	72才	
2025年	39才	37才	9才	5才	73才	
2026年	40才	38才	10才	6才	74才	妻　職場復帰
2027年	41才	39才	11才	7才	75才	
2028年	42才	40才	12才	8才	76才	
2029年	43才	41才	13才	9才	77才	
2030年	44才	42才	14才	10才	78才	
2031年	45才	43才	15才	11才	79才	
2032年	46才	44才	16才	12才	80才	母　要介護？
2033年	47才	45才	17才	13才	81才	
2034年	48才	46才	18才	14才	82才	
2035年	49才	47才	19才	15才	83才	
2036年	50才	48才	20才	16才	84才	
2037年	51才	49才	21才	17才	85才	母　平均寿命
2038年	52才	50才	22才	18才	86才	
2039年	53才	51才	23才	19才	87才	長男　就職
2040年	54才	52才	24才	20才	88才	
2041年	55才	53才	25才	21才	89才	
2042年	56才	54才	26才	22才	90才	
2043年	57才	55才	27才	23才	91才	長女　就職
2044年	58才	56才	28才	24才	92才	
2045年	59才	57才	29才	25才	93才	
2046年	60才	58才	30才	26才	94才	長男　結婚？
2047年	61才	59才	31才	27才	95才	長女　結婚？
2048年	62才	60才	32才	28才	96才	妻　定年退職
2049年	63才	61才	33才	29才	97才	
2050年	64才	62才	34才	30才	98才	
2051年	65才	63才	35才	31才	99才	自分　定年退職
2052年	66才	64才	36才	32才	100才	

ライフサイクルシートとは、例えば前ページのようなものです。

「今後、家族構成の変化はあるのか？」「子供は増えるか？」「親の面倒は誰が見るのか？」「子供の教育方針は？」「子供はいつまでその家で生活するのか？」などを書き出していきます。もちろん未来のことは不確定ですから、想像の範囲でかまいません。このような深掘り作業をしていくことで考えがぶれなくなり、自分たちに合った住宅会社選びの近道になります。

住宅会社の探し方

おかげさまで当センターは毎月かなりの数をお問い合わせ頂き、現在では工務店関係のインスペクションをお断りせざるを得ない状況です。すべての工務店がそうだというわけではないですが、知識と施工レベルが一定程度に達していないケースが多く、インスペクション費用が高額になってしまうこともお断りさせて頂く一因です。

工務店の良し悪しを判断する入口はHPとSNSになりますから、探すポイントと、きちんと見ておきたいポイントを挙げてみます。

プロ施主チェック！【工務店】

- 自邸建築場所から車で1時間程度の範囲内に会社がある
- 社長がHPにきちんと顔出ししている
- 会社の理念や、家づくりの信念がきちんと書かれている

●選んでいる工法や材料が、理念と齟齬がない
●費用に関しての説明が書かれている
●性能に関しての説明が書かれている
●アフターサービスや保証、保険について書かれている
●10年以上の社歴がある。または代表者に住宅建築のキャリアが10年以上ある
●HPやSNSの更新頻度が適度である

ＨＰなどの更新が数年間、全くされていないのは論外でしょう。自分たちの家づくりを伝えたいと思えばこれはマストです。ＳＮＳや動画配信など、お客様に正しく・わかりやすく伝えたい！　と思えばいくらでもできる時代ですから、ＷＥＢ発信は積極的に行うはずです。

PART 02

依頼先の探し方②

競合会社選び——依頼先候補の絞り方

住宅会社と接触する

住宅会社と接触するには、大きく3通りの方法があります（工務店は規模が小さいため、これらの方法が使えない場合もあります）。

1　会社に問い合わせて、資料請求をする
2　住宅展示場を訪ねる、住宅会社主催のイベントに参加する
3　家を建てた知人に住宅会社を紹介してもらう

1の資料請求は、その時点でメーカーの営業担当者が決まってしまうので、あまりお勧めできないやり方です。「営業担当者は選べるの？」という質問を頂くことがありますが、広義に解釈すれば、営業担当者は選べます。複数人と会ってみて、この人ならと思える人に出会うまでは、家づくりを依頼しなければいいわけです。ただし、アンケートに記入すると、その時点で担当者が決まってしまう。資料請求や展示場、イベントでアンケートに必要事項を記入すると担当が決まってしまうことが多い業界ですから、そのあたりは慎重に事を進めたいですね。

お勧めは3の「家を建てた知人に住宅会社（営業マン）を紹介してもらう」方法です。その家に満足していないと紹介はできないはずですから、少なくとも大外れは避けることができます。ただし、同じ紹介でも要注意はSNSでの紹介です。「大手ハウスメーカーのいい営業マンを紹介します」というSNS上の集客ビジネスを見かけますが、たとえそれが嘘でなくても気をつけたほうがいいでしょう。

そもそも「いい営業マン」という判断基準が何をもってなのか？　も不明瞭ですし、紹介された営業マンと相性が合わないことも当然あります。もっと

言えば、サラリーマンですから、「えっ？」というタイミングで転勤し、営業交代（泣）なんていうケースもざらにあります。「所長を紹介してもらった！」なんていう声もありますが、肩書のある人が優秀であるとは限らないのは、皆さんご存じですよね（笑）。

参考までに、いい営業マン（＝いい会社）の見分け方を挙げておきます。

プロ施主チェック！

【住宅会社の営業マン】

- 約束を守る人（当たり前ですが）
- 横柄で上から目線でない人（これも当たり前ですが）
- 反対に、極端に下手に出る人もちょっと……
- 住宅知識は当たり前の上で、知識や経験が豊富な人
- 説明に専門用語を使わず、例を用いてわかりやすく説明してくれる人
- 自分が話す！というよりは、「聞く耳」をもって打合せしてくれる人
- 質問以外にも関連していることを説明してくれる人
- 提案を複数パターン出してくれる人
- お金の話に細かい人
- 成功例や失敗談を挙げてくれる人
- 契約を急がない人

家づくりの具体的な相談をする

「この会社は良さそうだな」——そう思う会社と出会ったら、次のステージに進みましょう。具体的な相談は家づくりのテーマを伝えることになります。

当センターのクライアントの方の中には、フォーマットは各自違いますが、次ページのようにまとめている方が多くいらっしゃいます。

どこまで掘り下げるかは様々ですが、数ある要望のうち、これはと思うことを箇条書きにするという方法で、参考になると思います。こういう面倒なのはちょっと……とか、プロに任せて一から提案を受けたいという方は、工務店よりハウスメーカーが合っている人と言えるでしょう。

住宅会社との具体的な相談に入ると、まずは「資金計画」のすり合わせが必要です。住宅会社の多くは、施主の勤務先や年収をヒヤリングし、現在の年齢から「いくら借りられるか？」で総予算を決めていく傾向が強いので、まずは自分で「このくらいの金額」というものを把握しておきましょう。

銀行に行かずとも、ネットで「住宅ローンはいくら借りられるか？」は計算できる時代です。併せて、今後の家庭内収支（生活費、子育て費用、貯金や運用）をどのように推移させていくかをご夫婦で話し合い、金額のあたりをつけておきましょう。お金の勘定や管理がそもそも苦手……という方はファイナンシャルプランナーに相談してもいいかもしれません。ただし、そこで親しい保険会社の保険商品を紹介して紹介フィーを貰うビジネスを狙われるパターンも多いので、見極めたいところです。

住宅会社はヒヤリングをもとにプランを作成するか、参考プランを用いて間取りの打合せをしていき

要望を箇条書きにした例

生活様式に基づいた要望

間取り

- 3人分のしっかりとした個室がほしい(6畳前後)。マスターベッドルームや狭い子供部屋は不要
- リビングの採光は優先したい。個室の採光は優先度を下げてよい
- トイレは2か所ほしい
- 洗濯物の室内干しは1か所にまとめたい
- 広さに余裕があればパントリーとランドリールームがほしい
- 居室が隣り合う場合は、間仕切壁を防音仕様にしたい
- 敷地条件が合うならば、日射取得を使い暖房負荷を下げたい
- バルコニーは特に理由がなければ不要
- 駐車場は無くても良い
- 靴箱は○足収納したい
- 収納は○リットルほしい
- リビングに120cm水槽、父の居室に小型水槽を設置したい。それに伴い水廻りの動線を良くしたい

内装

- 家具は一新する予定。関家具をベースにトータルコーディネートしたい
- インテリアのテイストはブルックリン、インダストリアル、北欧?灰色系、落ち着いた感じ

その他

- 災害時に自宅避難できるようにしたい

調査報告書の一例

法規制

1. 都市計画区域	解説：都市として総合的に整備・開発・保全する必要がある場所を都道府県が指定した区域です。 都市計画区域内にて建築の際は、都市計画上 法的に様々な規制がかかります。 区域内　市街化区域　既に市街地を形成している、または市街化を促進する場所を指定した区域です。
2. 用途地域	解説：都市計画区域内で、さらに建物の用途や土地利用の割合等の制限別で分けた地域です。 第一種低層住居専用地域　低層住宅に係る良好な環境を保護する為に定める地域です。
3. 敷地面積	240.18 ㎡（ 72.65 坪）・トランシット測量　・公図上面積 239.18 ㎡
4. 建ぺい率	解説：建物の水平投影面積（概ね上から見た建物の大きさ）の敷地面積に対する割合の上限です。 40 %（指定 40 % +緩和 無 　 %）
5. 可能建築面積	㎡（ 坪）※建築敷地設定・面積確定後の算定となります
6. 容積率	解説：建物の延床面積（各階の床面積を合計した建物の大きさ）の敷地面積に対する割合の上限です。 80 %（指定 80 % ・前面道路幅× ＝ %）
7. 可能延床面積	㎡（ 坪）※建築敷地設定・面積確定後の算定となります
8. 北側斜線 （高度地区）	解説：北側の隣地境界等から生じさせた斜線より下に、建物をおさめる規制です。（図参照） （高度地区は、地域ごとに独自で、北側斜線や建築物の高さを定め指定した規制です。） 北側斜線　規制有　（高度地区　指定無　） A 5 m ＋ B 1.25 × L 〔緩和規定〕 ①北側が道路の場合 →一般的には、敷地境界を道路の反対側とみなします。 ②北側隣地が敷地より1m以上高い場合 →（高低差－1m）の1/2敷地が高い所にあるものとみなします。 ③北側に水面・線路敷等がある場合（公園は含まず） →その幅の1/2だけ境界線が外側にあるものとみなします。
9 絶対高さ	解説：用途地域・高度地区等による高さの最高限度の指定です。 指定有　C＝ 8 m
10. 道路斜線	解説：前面道路の反対側から生じさせた斜線より下に、建物をおさめる規制です。（図参照） 道路斜線　D 1.25 ×（A＋L） 〔緩和規定〕 ①セットバックした場合（塀等を設けないとき） →セットバック分×2だけ道路幅が拡大したとみなします。 ②2面以上道路に面する場合 →狭い方の道路側で、広い方の道路から広い方の2Aかつ35m以内の部分については、広い方の道路と同じ幅とみなします。 ③道路が敷地より1m以上低い場合 →（高低差－1m）の1/2道路が高い所にあるものとみなします。 ④道路の反対側に公園・水面など（児童公園のぞく）がある場合 →道路がその分だけ広いものとみなします。
11 隣地斜線	解説：隣地境界から生じさせた斜線より下に、建物をおさめる規制です。（図参照） 隣地斜線　規制無 E 　 m ＋ F 　 × L

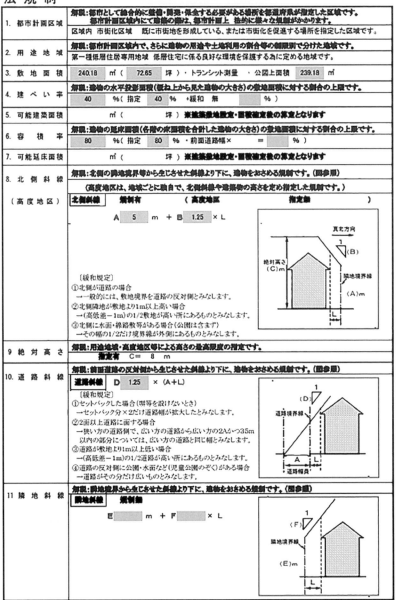

ます。建て替えの場合には土地が決まっていますから、「まずは敷地調査をさせてください」という流れになります。

家を設計するには、まず建てる土地のポテンシャルを把握していなければなりません。資産価値はもちろんですが、ここでは「住宅を建てる」ということをベースに敷地のポテンシャルを把握します。

敷地調査は「自社で実施する」場合と、「調査会社に依頼する」の二通りがありますが、最近は外部依頼をするケースが多いです。実際の調査報告書は前ページのようなものになります。

調査報告書で、少なくとも目を通しておきたい主な項目は、次のようなことです。

プロ施主チェック!【敷地調査報告書】

- 境界有無…境界が不明の場合には、明確にする必要がある
- 道 路 幅…工事車両の制約はないか。駐車に支障がないか
- 高 低 差…道路や隣地との高低差の有無。高低差ありの場合は土留めなど追加費用が発生
- 擁壁関係…既存擁壁がある場合には、劣化状況や工事支障がないか?
- 道路状況…傾斜や勾配、劣化状況
- 用途地域…法や条例規制の確認
- 隣地状況…窓の位置、玄関の位置

書かれている内容は、一般の方にはよくわからないことが多いと思いますが、これらの項目に記載があるかの確認と、調査の結果、注意点がないかどうかを住宅会社に質問できればいいと思います。

競合会社選びのポイント

依頼先は複数の会社から選ぶことをお勧めしていますが、そうは言っても8社、9社と検討するのはどうかと思います。住宅会社との打合せは休みの日が多いはずですから、8～9社の営業マンと打合せをするのは途方もない気力・体力を使います。初期段階はいいとしても早めに2～4社程度に絞り、家づくりの相談を本格化したいものです。

複数社で検討を進める場合、カテゴリーや価格レンジが大きく違う会社を競合させるとうまくいかないケースが生じます。例えば、木造と鉄骨造の大手ハウスメーカーを比較検討するようなケースです。

どの工法にも良い面、悪い面があります。木造のいい部分を聞くと「なるほど、それが絶対正解だ！」とつい思い込んでしまいますが、別の日に鉄骨造メーカーの話を聞くと「？？？」となってしまい、家づくりの迷子になってしまう方をよく見かけます。

鉄骨メーカーの営業マンは「2つの高層ビルの間に鉄骨と木造の橋が架かっていたら、どっちを渡りたいですか？」と言い、木造メーカーの営業マンは「冬の公園に木製のベンチと鉄製のベンチがあったら、どっちに座りたいですか？」といった営業トークをしてきます。

こうした単純なイメージ操作に引っかかってしまう方は結構いますが、橋やベンチの話をしているのではなく、自分が住む家の話をしていることをお忘れなく。ブレずに話を進めるには、最初に書いた「家づくりのテーマ」が非常に重要なのです。

例えば、風通しの良い自然素材をふんだんに使った家づくりをしたいとします。その場合は、工法的には木造メーカーが候補に挙がります。次に、デザインはサステナビリティをウリにした、開放感あるデザインが得意な会社が候補に上がりますよね。自然の力を設計に取り入れたパッシブデザインというのも一つの手法です。さらには、ノンケミカルをテーマにした家づくりをしているか？　などの点を重要視することもできます。

会社のＨＰやＳＮＳでこのような内容を発信できている会社が依頼候補になるのですが、情報を集めているうちに「全館空調っていいのかな……」「ホテルライクな間取りも気になるな……」などと、候補会社を増やしていく人がいます。そのように広げていくと、基本的な家づくりのスタンスが違う会社も視野に入ってきて、迷う要素が増えるばかりです。

気になる情報によって依頼候補先を増やすのではなく、最初に絞った候補会社の営業や設計担当と意見交換をし、それがどういうもので、どんなメリット・デメリットがあるかを把握する。そうやって家づくりの方向性を微調整していくのはいいと思います。

また、価格帯の近い会社をできるだけ選ぶのもポイントです。例えば、自分の予算×０・８５程度の枠をまずは家づくりの予算と決めたら、その前後15％程度の会社を競合相手としてピックアップします。

例えば、建物の予算が３０００万円だとした場合、３０００万円×０・８５（２５５０万円）を建物仮予算とする。その前後15％ということは、２１６７・５万円〜２９３２・５万円ぐらいの予算感になり、この枠から外れる会社は最初から外しておくのがいいと思います。

「坪単価で言うといくら?」とよく聞かれますが、坪単価に含まれる要素が一定ではないのであくまで目安ですが、35坪の家なら坪単価62〜84万円で商売をしている会社が候補になるという計算です。

プロ施主チェック!【依頼候補会社選び】

- 自邸の家づくりテーマにあった会社を候補先に選ぶ
- 複数社の競合を心がける
- 大幅に予算の違う会社を検討先に選ばない

PART 03

依頼先の探し方③

競合会社の比較——見積、図面をチェック！

初期打合せの上手な進め方

複数の住宅会社と打合せを成功に導くコツは「各社の提案をそれぞれにフィードバックする」ことです。フィードバックとは「他社はこういう提案だったよ」と他社の営業マンに伝えることですが、これを躊躇する方が多いように思います。何かしらの遠慮、または競合していることを内緒にしたいということでしょうが、一生に一度の買い物ですから後悔のないように、できることはやっておくべきです。

建築は本当に面白いもので、「予算」と「土地」が決まっていて、各社に同じ「要望（どんな家に住みたいか）」を伝えても、全然違う提案が出てきます（笑）。次ページの図面は、異なる2社による2階平面図の提案です。同じ要望を出したにも関わらず、主寝室位置やリビングの配置が全く違うのがわかります。

これは、建て主からの要望を「こうやって欲しいんだよね」とロジカルに考えられる部分と、暮らし方や感じ方など、ニュアンスに拠る部分があることが計画に大きく影響をすることが一因です。また、担当者のヒヤリング能力には差がありますから、要望に対する解釈の違いというか、「なぜそういう要望が出たのか？」「こうしたほうがいいのでは？」といった「行間の汲み取り方」によってもプランが変わってきます。

せっかく提案されるプランですから、微妙なニュアンスがある箇所は他社にも伝えて「何が気にいっているか」を打合せしつつ、プラン修正（そのプランを取り入れるだけでなく、こういったプランはどうですか？　という修正も含みます）を期待することが得策です。

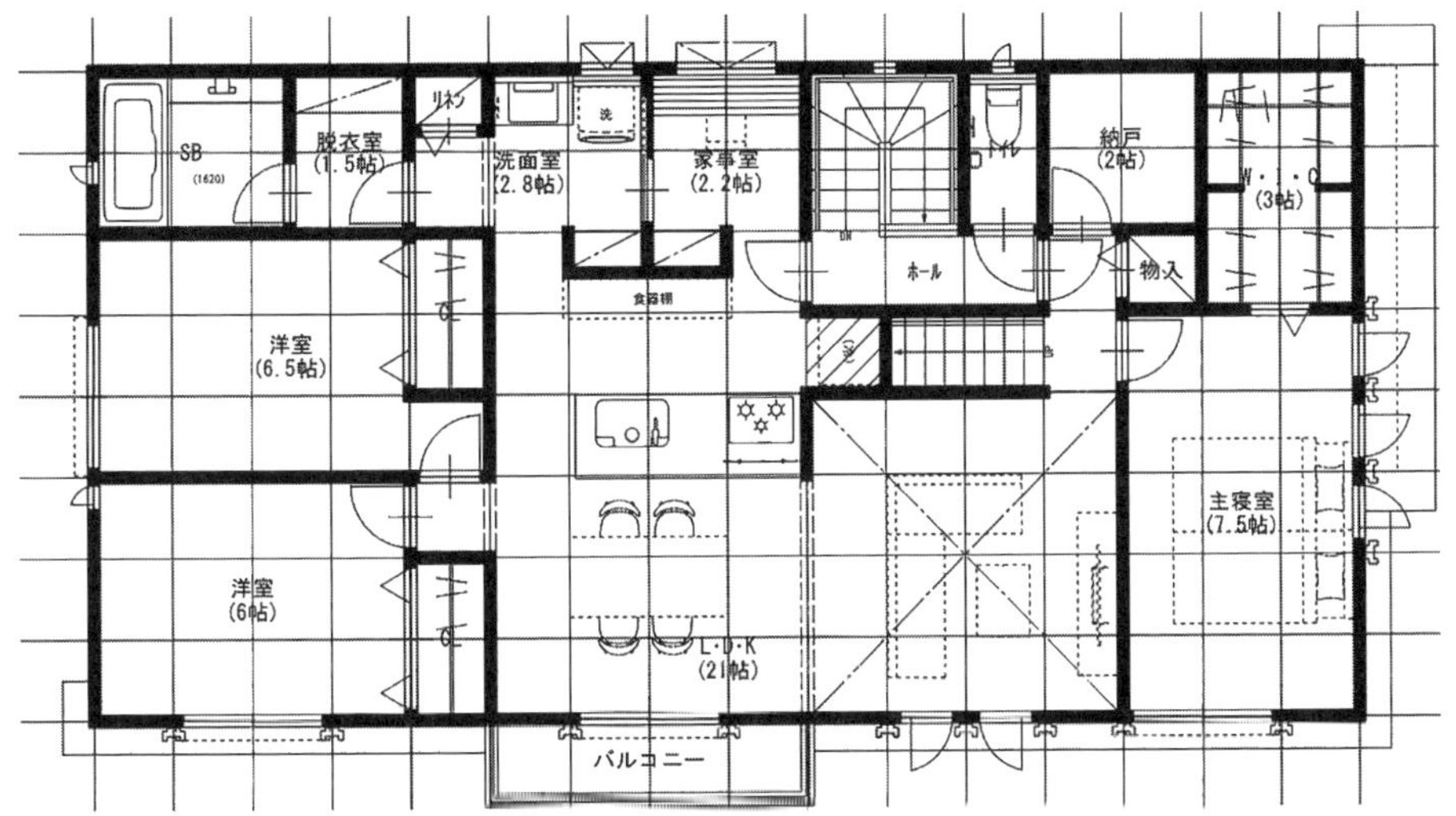

※ MBR(主寝室)・南東、リビング・真ん中

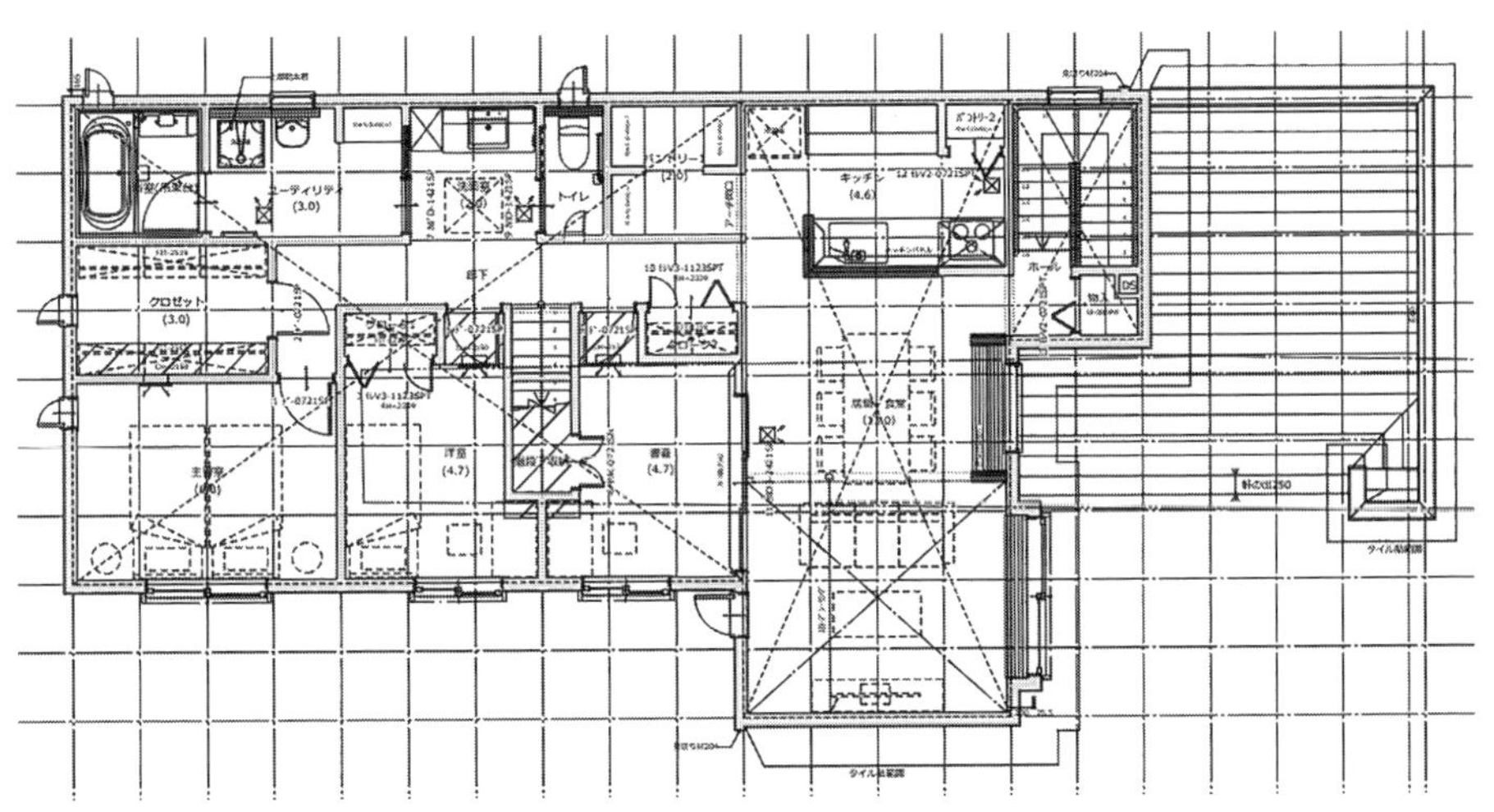

※ MBR・西、リビング・東端

プロ施主チェック！【初期打合せ】

- できる、できないは別にして要望をきちんと伝える
- イメージと違う部分はそのままにせず、納得いくまですり合わせを行う

「営業マンが良かったから」で選ぶのは……

依頼する住宅会社を決めた理由としてよく聞くフレーズは、「営業マンが良かったから」。これがかなりの数を占めるようです。

もちろん、その気持ちが全くわからないわけではありません。ロジカルに比較できず、家づくりの迷子になってしまったら、最終的には相性で……というのもある程度理解はできます。

しかし住宅業界の営業マンの離職率は結構なもので、大きな会社であれば転勤や配置換えも頻繁に行われますから、一生に一度の大きな買い物を「営業マンとの相性」で決めてしまうのはいかがなものかと思います。

しかも、家は営業マンが建てるわけではありまんから、良い営業マンだと良い家づくりができるとは必ずしも言えません（その逆はあります。ひどい営業マンに当たると最悪な家づくりになってしまいます）。ただ本当に優秀な営業マンは、施主が困らないように契約前に決めるべきことをしっかり決めて、現場への伝達もしっかりしているため良い家が建つ確率が高いのは確かです。

契約後は連絡もあまり取れなくなったというケースも少なくありません。契約後も施主の立場に立っ

資金計画書の一例

□□□□ 様邸　　　　**資金計画書**　　　　作成日：□□□□

工事請負代金			(円)
建築主体工事費	本体工事積算額	○	32,210,000
	延床面積：34.34坪		
	オプション工事費	○	1,990,000
	計	／	34,200,000
付帯工事費 屋外設備工事費	屋外電気工事費	○	438,000
	屋外給排水工事費	○	945,000
	計	／	1,383,000
付帯工事費 その他工事費	空調工事費	○	1,365,000
	太陽光発電システム工事費	○	642,000
	エクステリア工事費	○	3,250,000
	デッキ・植栽工事費	○	900,000
	計	／	6,157,000

工事請負代金以外の費用			(円)
設計申請料等	敷地調査料	○	110,000
	実施設計料	○	1,320,000
	構造計算料	○	実施設計料に含む
	確認申請料	○	110,000
	長期優良住宅申請料	○	55,000
	計	／	1,595,000
事務手続実費	契約印紙代		10,000
	登記費用(表示・保存)	●	300,000
	計	／	310,000
各種分担金	水道利用加入金	●	165,000
	水道局納付金	●	30,000
	給水本管接続費	●	1,200,000
	排水本管接続費		役所工事予定
	計	／	1,395,000

消費税率		
10%	建物工事費(消費税を除く)	41,740,000
	取引に係る消費税額	4,174,000
	工事請負代金合計額	45,914,000 ①

工事請負代金以外の費用合計　3,300,000 ②

土地費用		
	土地	77,000,000
	仲介手数料	不要
	固定資産税精算金	決済時期による
	売買契約印紙代	30,000
	所有権移転登記費用	約 650,000
	小計	77,680,000 ③

その他諸費用		
	照明・カーテン工事費	([illegible]) 1,100,000
	地盤改良工事費	([illegible]) 1,210,000
	地震・火災保険料	別途
	小計	2,310,000 ④

建築に関する総費用	建物費用＋土地費用	お住まいづくりの総費用
49,214,000円	126,894,000円	129,204,000円
(①+②)	(①+②+③)	(①+②+③+④)

○印は消費税課税対象です。
●は預り金です。確定金額を後日実費精算致します。

(備考)

て連絡を取り続け、施工のほうまで何かと気にかけてくれる営業マンはむしろ奇特で、営業マンは契約までと考えておいたほうが無難です。

ですから、営業マンを判断基準の一つにするのはいいと思いますが、その良し悪しで契約までジャッジするのはどうかと思います。それよりも、まずは自邸の「プランがきちんと提示されているかどうか？」を正しくジャッジする目を養ってください。

そのために必要となる重要ポイントをこれから説明していきます。

資金計画の見方

営業マンの提案は、資金計画と間取り（プラン）の2つから成り立っています。まずは資金計画の見方からいきましょう。資金計画は文字通り、家を建てる資金が一目でわかるようになっている資料です。多くはA3やA4一枚（前ページ参照）に凝縮された形を取っています。

土地取得費用（土地購入からの場合）・建物本体工事費用・付帯工事費用・その他費用などが可視化されていますね。それに対して、支払い計画が記載されています。多くの方は借り入れをして建築を行いますから、自己資金と住宅ローン金額や返済計画が明記されています。

プロ施主チェック！【資金計画書】

- 競合各社の資金計画表を比較して計上漏れがないか。大きく金額差異がある項目はないか
- 使えそうな助成金や補助金が計上されているか

- 解体工事や杭工事（地盤補強）、外構工事など「後で見積りを取りましょう」という項目の費用未算入分がないか
- 支払い時期が偏っていないか（分散されているか）

建築費用は通常、複数回に分けて住宅会社に振り込みます。よくあるケースは「契約時」「着工時」「上棟時」「完成時」など4回に分けて支払う形です。着工時に契約金額の半分を支払うような計画を出してくる住宅会社は要注意です、まだ工事もしていないわけですから支払う必要はないですよね。

解体費用と外構費用の注意点

一般的に解体工事や外構工事は、専門の協力会社（下請け業者）に発注をします。つまり見積りは、協力会社の見積りとそれに上乗せされる住宅会社の経費が計上されて初めて完成します。そうした経費は会社それぞれなので一概に何%とは言えませんが、目安は「10～30%」です。

そもそも解体費用や外構費用は、会社によってかなり見積金額の差異が発生します。その一つ目の理由は「現地を見ているか否か」にあります。両工事とも、施工条件によって見積金額が大きく変わりますが、営業マンが契約を急いでいたりする場合、業者に現地を確認させて見積りを出させると時間がかかるから「とりあえず、見積りしてよ!」とやってしまうケースもあります。こういったことを防ぐた

めにも敷地状況の事前調査が必要なのです。

二つ目は、住宅会社の経費設定の差です。例えば200万円の見積りが外構業者から上がってきても経費10%なら220万円、30%なら260万円と結構な金額差になります。

最後の理由は「適当に見積もる」からです。あまり見積りに意味がないと知っていて「どうせ詳細は後で決めますから」という契約先行タイプの営業マン（住宅会社）に多いケースですが、この手の営業マンは実に多いですから要注意。契約後に解体工事費用や外構工事費用が数百万円も跳ね上がった！　というのはレアケースではないので、見積り精度を確認してから調印すべきです。

解体・外構工事の見積りに関しては次のような点も要注意です。

■解体工事見積りの注意点

●業者が現地をきちんと見ているか……例えば、前面道路幅は大きな重機が入るか？　撤去するものとしないものの区別はできているか？

●構造種別をきちんと確認しているか……「木造と思っていたけど実際は鉄骨造だったので解体費用が上がります」というお粗末なケースもありました。

●アスベストの有無を見越しているか……解体工事の際、アスベスト含有の調査が必要ですが、有料の場合が多いです。ここで費用を出さない場合には、後で金額がアップする可能性はあるため、予備費用を見越しておく必要があります。

■外構工事見積りの注意点

業者が現地を見ているか……道路や隣地との高低差があり、土留めが必要にならないか？　また、ポストや門の種類を選ぶだけで外構工事の正確な金額は出てきません。部材のグレードを含め仕様をある程度決めるなどプランを煮詰めてから見積り作業を依頼しましょう。

■施主支給工事の注意事項

住宅会社の経費が加算されるのであれば、「自分で安い解体（外構）業者を見つけて直接契約するのはどうか？」という質問を頂きますが、どうしても総額予算オーバーな場合以外はやめたほうが無難です。

直接契約の場合はコスト管理や工期管理を自分で行わなければならず、当然かなりの手間がかかります。また責任区分が不明瞭になる恐れもあります。例えば、壊す範囲に関して住宅会社と解体業者で解釈相違があり、後からどちらかに壊してもらって追加費用発生のケースや、敷地内の地面の高さが高くなる（低くなる）などで、土入れの費用が追加でかかってしまうなどのケースもありますから、自分で全てを確認する覚悟と時間がない場合には、やめたほうが無難だと思います。

プロ施主チェック！【施主支給工事】

- 自身で直接契約する場合、特にコスト管理と工期管理に留意する
- 施工区分を確認し、責任範囲を明確にしておく

地盤補強のチェックポイント

良好な地盤であればそのまま家を建てられますが、地盤が弱い土地に建てると不等沈下などの大き

地盤調査報告書の一例

スウェーデン式サウンディング試験

調査名	■■■■様邸			測点番号	C
調査地点	■■■■			年月日	■■■■
標高	BM + 0.970 m	最終貫入深さ	1.40 m	試験者	■■■■
推定水位	調査深度まで水位無し	天候	晴れ	試験方法	半自動

荷重 Wsw kN	半回転数 Na	貫入深さ D m	貫入量 L m	1m当り半回転数 Nsw	記事 音・感触	記事 貫入状況	推定柱状図	荷重 Wsw kN (0.25 0.50 0.75)	貫入量1m当り半回転数 Nsw (50 100 200)	換算N値 N
1.00	8	0.25	0.25	32						4.60
1.00	30	0.50	0.25	120						9.00
1.00	25	0.75	0.25	100						8.00
1.00	16	1.00	0.25	64						6.20
1.00	37	1.25	0.25	148						10.40
1.00	100	1.40	0.15	667						36.33

凡例　粘性土　砂質土　礫・礫混入　腐植土　空洞・掘削

NSW240以上確認（打撃確認）

な問題を招く可能性があります。そのために実施するのが「地盤調査」で、低層住宅で広く普及しているのはＳＳ試験（ＳＷＳ試験）と呼ばれる簡易的な調査方法です。

家が建つであろう配置をもとに敷地の任意5ポイントで調査を実施し、前ページのような報告書が作成されます。

地盤補強が必要ないのであれば、特別な費用はかかりませんが、補強工事が必要な場合には金額が一気に跳ね上がります。確認しておくべきポイント

は、

- 地盤調査を実施したか
- 検討の上、補強の有無が明確で見積り計上されているか

の2つです。

地盤調査報告書では、柱状図というものが掲載されています。なんだかよくわからない……という声が聞こえてきそうですが、皆さんが確認できるポイントは限られています。

プロ施主チェック!【地盤調査報告書】

❶ 地下水位の高さを確認する
❷ 同一敷地内で軟弱の差がないか確認する
❸ 地耐力（どのくらいの重さに耐えられる地盤かどうか）を確認する
❹ 液状化リスクを確認する

地盤サポートマップ（ジャパンホームシールド株式会社）

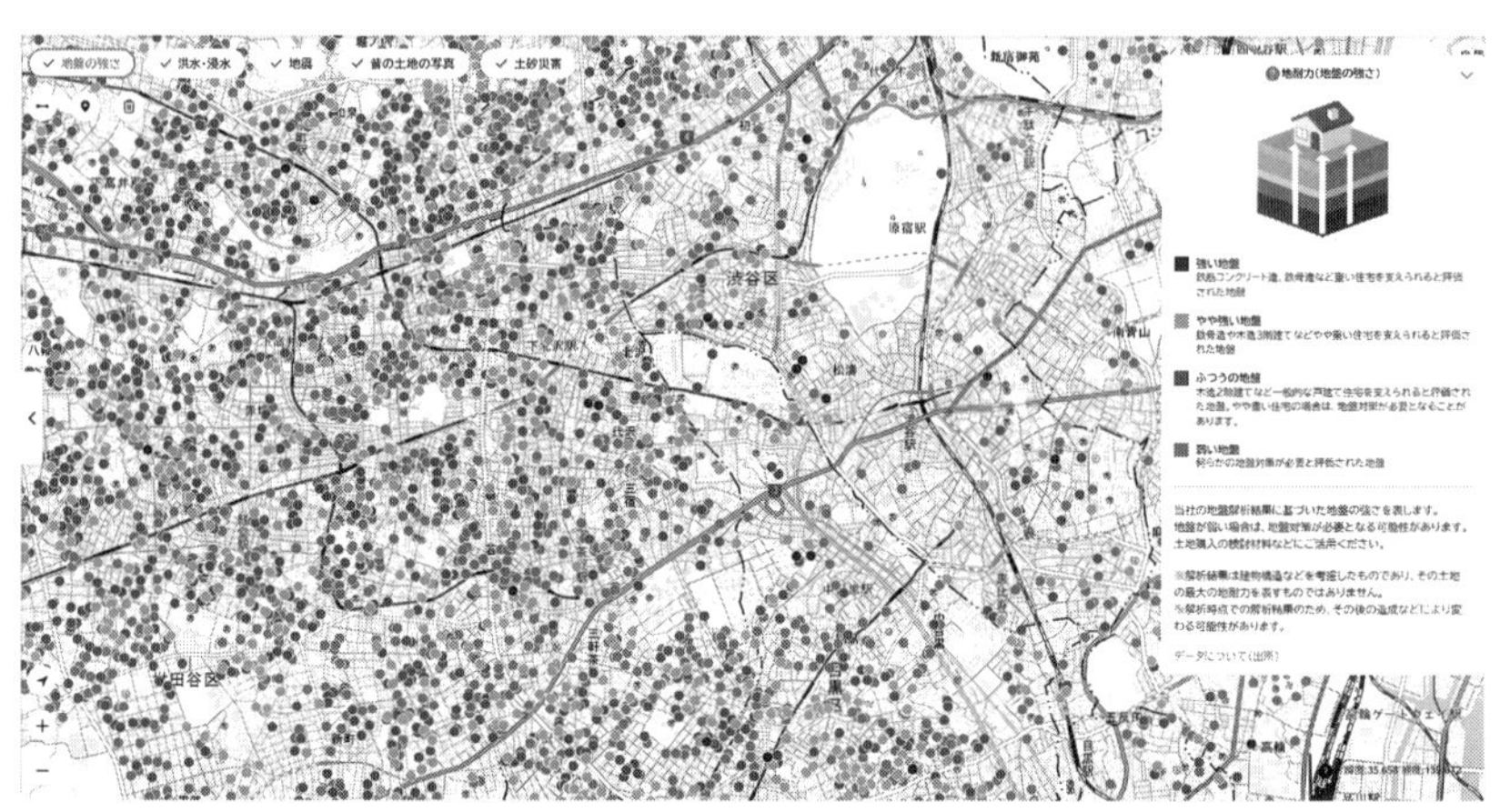

https://www.j-shield.co.jp/supportmap/

この辺りの説明をきちんと受けて、建物建築計画に支障が出ないかどうかを担当者から確認してください。特に建物全体の重量をきちんと把握していないと、地耐力との関係性がわかりません。建物重量を確認した上で地盤補強は必要か不要かをきちんと確認しておくべきです。

なおＳＳ試験では明確な構成土質まではわかりません（ＳＳ試験ではロッドに付着した土での簡易判定にとどまります）。正確に把握したい場合にはボーリング調査を実施することになります。地下室を計画する場合や構造躯体が鉄骨造・ＲＣ造であったり、ＲＣ造の擁壁を築造する場合などで詳細な検討が必要な場合には少し高いですが、ボーリング調査を実施しておくことをお勧めします。

建て替えの場合には、その土地の強さはある程度想像がつきますが、土地購入から家づくりを開始する場合には、「地盤の強さ」は購入決定の重要なファクターになります。

大雑把な判断ですが、地名などで周辺地盤の検討がつくこともあります。地名に水や谷がついている場所や、昔は田んぼであった場所は要注意です。最近では昔の地名ではイメージが悪いので「●●ニュータウン」や「★★ふれあいの丘」といった具合に地名変更している地域もあります。その場合には、古地図などを見れば昔の地名がわかります。

現地に行ってみて、軟弱地盤かどうか、ある程度予想可能な場合もあります。近所の塀が傾いていないか？ 隣家の壁にひびが入っていないか？ 道路にひびや陥没の跡がないか？……こういったこともヒントになるので、目を凝らして現地確認しましょう。

最近では、ネットで地盤状況を把握できるサービスもあります。過去の地盤調査データを集約して色分けされているので、参考になります。このようなサイトやハザードマップは、その土地を購入するか否かの判断材料にすべきです。

プロ施主チェック!【地盤】

- 実際に現地で沈下事象がないか目視確認する
- 地盤調査データ、ハザードマップ等を使って立地特性を確認する

「地盤保証」って何？

「地盤保証があるから安心ですよ」という営業トークがあります。軟弱地盤であれば補強工事をすれ

ば、工事会社が地盤保証をしてくれるというものです。「地盤保証」ですから、地盤に何か不具合が出たら保証してくれるんだろう、と思ってしまいますが、免責事項があります。地震の際に家が傾くのが嫌だから地盤補強をすると思っている方からすると、驚きの内容になるかと思いますが、地盤に限らず、保険や保証はその内容を必ず確認しておく必要がありますね。

プロ施主チェック！【地盤保証】

- 地盤保証の免責事項を確認し、不明点は前もって営業担当者に確認する

間取りの見方

間取りに関心のある方は多いと思いますが、建築の専門家ではない皆さんが全て（特に安全性の面）をチェックすることは困難を極めます。また家に対するニーズが各人違いますので、この方法が絶対正解というチェックリストを作成するのは残念ながらできません。それでも基本的な間取りの見方を知っておくだけで、候補先を大きく選び間違うことは減らせますから、次のことを参考にしながら、提案された間取りを冷静に見てください。

最初に確認したいのは、計画概要です。

プロ施主チェック！【全体計画】

- 全体計画は情報が正しく記載され、自身の要望と合致しているか？

　建てる土地に関わる法規適応が間違っていると、すべてが絵に描いた餅になってしまいます。用途地域は適法か、地区協定など関連規制は正しく記載されているかを確認します。また、構造種別や基本的な性能スペックが要望通りになっているかを確認しましょう。

　重量鉄骨を希望していたのに軽量鉄骨で計画されている、ツーバイシックスが良かったのに、ツーバイフォーになっているなどの基本的なことや、耐震等級・C値（気密性能）など、こだわっているポイントがあれば、計画反映されているかをチェックします。

　次は図面です。契約前に細かい図面は作成してもらえないケースが多く、「配置図」「平面図」「立面図」「外構計画図」あたりの図面がプレゼン資料として提出されます。そこで、次のようなチェックが必要です。

プロ施主チェック！【配置図】

- 配置計画に無理（部分的に狭い・広い）がないか？　意図不明なスペースはないか？
- 高さの基準となるベンチマーク（BM）、地盤面の高さ（GL）が明記されているか？
- 道路から玄関までのアプローチの高さや傾斜、車庫の水勾配（傾斜）が理解できるか？

プロ施主チェック！【平面図】

- 動線をイメージして、うまく成立しているかどうかを確認

プロ施主チェック！【立面図】

- 法規の「高さ制限」「斜線制限」をクリアしているか
- 窓の位置と高さが適正か
- エアコン配管と室外機位置が記載されているか
- 雨樋や換気扇の位置が記載されているか

玄関から、各部屋までどのようなルートを通るか？　食事時はどのように動くか？　など実際の生活をイメージして人の動きを図面にペン入れして想像してみましょう。

住宅会社によっては、テーブルやソファーの縮尺を間違えて平面図に記載されているケースもあります。家具を置いてみたら「人が通れない」など後のトラブルにつながりますから、縮尺不明や知りたい寸法があれば平面図に加筆依頼をしてください。なお、採光や通風はシミュレーションで可視化できるなら、その要望も出したほうがわかりやすいと思います。

車をお持ちの方は、外動線の確認が重要です。駐車スペースが十分かどうか、車の乗降時（ドアを開ける）のスペースもチェックポイントの一つです。また、降雨時には傘をさしますから、通常の通路幅

より広めの幅が必要ですし、庇など雨除けの範囲はどうなっているかも併せてチェックします。

来客が多い方は、来客時の動線にも注意を払いましょう。手洗いへの動線も含め、プライベートとパブリックの区別が明確かを図面から読み取ってください。

収納計画の過不足も問題に上がることが多いポイントです。実際に何をどこにしまうのかを確認しながら図面をチェックするといいでしょう。「収納率」という目安の係数もありますから、その数字を出してもらうのも一手です。

係数の話でいえば、「廊下係数」と「直下率」も参考になると思います。廊下係数とは、廊下の面積が家全体でどの程度を占めているかを表す指標です。廊下係数が大きいほど全体的にゆとりある計画、少ないほど効率重視の間取りということになります。直下率は構造計画における安全性の目安です。1階の柱や壁の位置が2階とどの程度同じかを示す指標ですから、直下率があまり低いのは感心しません。

高さ制限・斜線制限に関しては、きちんと計算数式が記載されているかを確認しましょう。平面図と立面図の整合性が取れていない、というような図面不整合はよくあります。位置と高さが打合せ（希望）通りかをチェックしておくことは重要です。

プロ施主チェック!【断面図】

- 天井高さの確認
- 家具搬入に支障がある箇所はないか

断面図はあまりに馴染みがなく、一番チェックが難しいかもしれません。また、どのラインで切って断面図を作成するかは設計士の考え方次第なので、一つの断面図ですべてを把握するのは不可能です。

特に「母屋下がり」と言って屋根の高さが変わったり、階段室（階段スペースを扉などで仕切った空間）の高さなどは事前に設計士から説明を受けておいたほうがいいと思います。

【外構計画図】

プロ施主チェック！

- 車庫幅、奥行き寸法。インナーガレージの場合は高さも併せて確認する
- 外周りの水道の有無
- 自転車を置く場合の計画はどうなっているか
- 各種設備メーター位置

外構図では、少なくともこうした点は確認をしたほうがいいです。外構計画図は「外構業者」に任せている住宅会社も多く、建物本体と整合性が取れていないケースが多いように思いますから、要注意です。

各社の比較表を作る

ハウスメーカーや工務店などいくつかの依頼先候補から、プレゼン資料が提出されたら、比較表を作成することをお勧めしています。

すべてにおいて100点満点の提案はありませんから、優劣が一目でわかるような比較表を作っておけば依頼先を決定するときに役立つと思います。表にまとめておきたい項目としては、次のようなものが一例です。

プロ施主チェック!【競合比較表】

- 見積り総支払金額（できれば各項目毎に記載）
- 延べ面積と坪単価
- 構造種別
- 耐震等級
- 直下率
- 廊下係数
- 収納率
- 断熱工法と想定Ua値
- 想定C値
- 換気種別
- エアコン有無
- リビング計画（方位と広さ）
- 保証期間
- メンテナンス期間（点検回数や時期）

あとは、ご自身でこだわっている箇所やポイントを加筆して比較検討してください。

比較表の一例

<table>
<tr><th>比較項目</th><th>●●不動産</th><th>●●ホームズ</th><th>●●ホーム</th></tr>
<tr><td>地盤改良工事について</td><td>予算取り
1,200,000円
計上有り</td><td>概算
1,200,000円
計上有り</td><td>概算
1,300,000円
計上有り</td></tr>
<tr><td>空調について</td><td>エアコン6台
886,000円
計上有り</td><td rowspan="3">1,330,560円
計上有り
また
Z空調差額UPの
1,857,000円
計上有り</td><td>エアコン5台
865,200円
計上有り</td></tr>
<tr><td>照明器具について</td><td>予算取り
400,000円
計上有り</td><td>本体工事に含む</td></tr>
<tr><td>カーテンについて</td><td>予算取り レール含み
500,000円
計上有り</td><td>500,000円
計上有り</td></tr>
<tr><td>外構工事について</td><td>別途記載有り</td><td>概算
4,000,000円
計上有り</td><td>概算
4,000,000円
計上有り</td></tr>
<tr><td>値引きについて</td><td>▲3,954,848円
計上有り</td><td>▲1,636,363円
計上有り</td><td>マイナス計上無し</td></tr>
<tr><td>トータル金額
※土地除く</td><td>税込み
48,534,210円</td><td>税込み
56,090,453円</td><td>税込み
60,447,974円</td></tr>
<tr><td>未計上の金額は、参考金額として他社計上の費用を算入して比較検討する</td><td>税込み
53,826,210円</td><td>税込み
57,382,453円</td><td>税込み
61,208,974円</td></tr>
</table>

PART 04

契約書チェックと解体・擁壁工事

契約〜直前工事

契約前のチェック事項

建築計画と金額に無理がなく、納得できる住宅会社が見つかったら、建築請負契約を交わします。

かつてはプランと資金計画を詳細に詰めることなく、ふわっとしたプラン段階で「仮契約」を迫るケースがよくありました。法的に言うと「契約」に仮契約も本契約もなく、契約は契約ですから法的責任が生じます。プロ施主を志そうという皆さんがそんな言葉に引っかかるとは思いませんが、念のため。仮契約などという言葉が出たら、即座にお引き取り願うということです。

契約行為はいわば「約束ごと」で、施主と住宅会社が双方の権利義務をもって家を建てる約束を交わします。約束には根拠が必要です。その根拠は、民法・建築基準法・建築士法・建設業法・産業廃棄物処理法・消費者保護法など多岐にわたります。

契約書は通常、契約書・約款・保証内容がセットになっています。

契約書には「どんな家を」「いつまでに」「いくらで」建てるのかが書かれていますから、事前の打合せと相違がないかを必ずチェックしましょう。

約款とは、不特定多数の顧客と家づくりをする住宅会社が個別に取り決めを交わしていくのは困難なため「誰とでもする約束」をまとめた書類です。細かい字で読みづらいですが、きちんと目を通し、疑問点は遠慮なく伝えることが重要です。

プロ施主チェック!【契約前】

- 契約時に取り交わす書面は事前に送ってもらい、あらかじめ目を通しておく
- 質問や疑問がある項目は、契約締結前に質問し、クリアにしておく

建築確認申請

契約書に調印を交わしたら、一般的には確認申請を行います。

家を建てるとき、建築基準法では「確認申請手続き」が必要であると定められています。敷地調査の説明でも触れましたが、その土地には法規制がかかっていますから、計画する建物が法令遵守しているかを確認してもらい、建築の許可を得る必要があるわけです。

つまり好き勝手に家を建てることはできず、建物の用途や、面積、階数などに関して、審査を経て建築許可を取得する必要があります。あくまでも許可を得るのは建て主ですが、一般消費者に設計図を作ることはできませんから、住宅会社が「代理」で申請することになります。

その他の審査関係にも、簡単に触れておきます。まずは「瑕疵保険」です。国交省が認可した瑕疵保険法人が保険付与した建物でなければ引渡しはできない――この法律（住宅瑕疵担保履行法）によって、構造と防水は10年（延長保証は20年まで可能）の保険を付与するというのが瑕疵保険です。

住宅性能表示や長期優良住宅も審査が必要になります。性能表示とは、スペックを可視化する目的で

確認済証の一例

第十五号様式（第三条の四関係）（A4）

建築基準法第6条の2第1項の規定による

確 認 済 証

様

下記による計画は、建築基準法第６条第１項（建築基準法第６条の４第１項の規定により読み替えて適用される同法第６条第１項）の建築基準関係規定に適合していることを証明する。

記

1. 建築場所、設置場所又は築造場所

2. 建築物、建築設備若しくは工作物又はその部分の概要

(1) 主要用途	一戸建ての住宅	
(2) 工事種別	新築	
(3) 延べ面積	a.申請部分	108.83 ㎡
	b.申請以外の部分	0.00 ㎡
	c.合計	108.83 ㎡
(4) 申請棟数	1 棟	
(5) 主たる建築物の構造	木造（枠組壁工法）	
(6) 主たる建築物の階数	地階を除く階数（地上階数）	2 階
	地階の階数	0 階
(7) 建築物の名称又は工事名	大舘 章宏 様邸新築工事	

3. 確認を行った確認検査員氏名　八巻 勝浩
4. 適合判定通知書の番号　第　号
5. 適合判定通知書の交付年月日　令和　年　月　日
6. 適合判定通知書の交付者

（注意） この証は、大切に保存しておいてください。

つくられた法律（住宅の品質確保の促進に関する法律）で、その代表的なものが「耐震等級」です。耐震等級は、その住宅の耐震性能を3段階に分けて消費者にわかりやすくするのが目的で、耐震等級1～3の3段階で評価されます。

また、長期居住を可能にする様々なスペックや配慮を有すると審査認定された住宅は「長期優良住宅」とされ、補助金や各種税金、金利、保険料などの優遇が受けられます。

プロ施主チェック！【建築確認】

● 自宅の建築に必要な審査は何かをあらかじめ聞いておく

契約から確認申請の許可が出るまでの間（通常は最長で35日）に、インテリアの詳細打合せや外構計画の決定をしていく住宅会社が多いです。契約前にすべてを決めておくのが理想的ですが、プラン変更の必要がない内容（色決めなど）や価格の大幅な増大がない内容であれば、この期間に決めていってもいいと思います。

確認申請が下りればいよいよ工事が開始。ただし、工事が始まる前に、確認しておくべきことがいくつかあります。特に現場の施工品質に心配がある方は、契約前に確認しておきたいものです。ここからは、工事開始前に確認しておくべきことを解説していきましょう。

現場監督って何をする人？

住宅建築でよく聞く「現場監督」にどのようなイメージを持っていますか？　現場を取り仕切る人？　大工の棟梁のような人？　抱くイメージは様々ですが、まずは「現場監督は何をする人？」と住宅会社に尋ねるべき。というのは、会社によって現場監督がする仕事には幅があるからです。

そもそも明確な「現場監督の指標」さえ決まっていないのがこの業界。現場監督に皆さんが期待するイメージと実際のそれに乖離がないかどうかを確認しておくといいでしょう。聞いておくべきことは、次のようなことかと思います。

プロ施主チェック！【現場監督】

- 事前に現場監督が何をする人なのかを理解する
- 監督としての経験値（業界経験はどのくらいか？　資格は持っているのか？）
- 監督が受け持つ現場の数（完全オーダーの注文住宅では8棟同時進行あたりが限界）
- 定休日と就業時間、監督との連絡方法
- 現場巡回の頻度（週にどの程度、自分の現場に来るのか）
- 現場の自社検査タイミング。できれば検査基準の開示を要望
- 報告の頻度と方法

● 施工体制（どの工事にどんな業者が入るのか）

と言っても、このあたりをきちんと説明できる会社は少ないかもしれません。また、大手のハウスメーカーでは、検査基準の開示については拒否してくる担当者も少なくありません。「認定工法」という特許のようなものなので……というのがその理由で、過去、実際にやり取りしたときの内容は次のようなものでした。

当センター　ALC版の含水率、社内規定をご教示ください。

ハウスメーカー　防水完了後4日間、乾燥期間を設けております。

当センター　機器による計測は実施されていますでしょうか？　その場合の管理値をご教示ください。

ハウスメーカー　社内規定により数値の開示ができかねます。大変申し訳ございませんが、「4日間乾燥期間を設ける」ということ以外は開示できない項目になります。

こうしたことがあるので、大手メーカーの現場チェックはかなりの経験と普遍的な建築知識がないと難しいのです。それにしても管理数値の開示拒否は、普通に考えるとおかしい話ですよね。例えば人間ドックを利用した際に、数値やデータが開示されずに、検査結果に書いてあるのは「適」「不適」の文字だけだったとしたらどうでしょう。「数値を開示せよ」とクレームの嵐になること必至でしょう。

現地調査実施の確認

工事に入る前に、現場監督や工事関係者は現地を実際に見に行きます。工事をしていく上で支障が出ることがないか、仮設工事をどのように計画するかを事前に把握することにより、問題や注意点を洗い出しておくことが目的です。また、近隣状況などを確認し、工事前後で変化がないかを記録しておくことも後々のトラブルを減らす上で重要です。

日常業務に忙殺されている現場監督は、この現地調査をろくに実施せず、工事開始を迎える人も少なくありませんが、そうなると大抵はトラブルが頻繁に発生することになります。

プロ施主チェック！【現地調査】

- 着工前の現地調査を実施したかを確認する
- 問題点や課題点等があったかどうかの報告を求める
- 特に記録保存しておいたほうがいい写真などは共有しておく

ここから、いよいよ実際の工事がスタートです。現場でのイベントや業種別、工事の進み具合ごとに、注意点などを解説していきましょう。

解体工事

建て替え計画の場合には、新築工事の前に既存家屋の取り壊しを行います。解体工事着手前に「解体打合せ」を実施しましょう。主として取り壊しの範囲と残すものの最終確認を現地で行います。

これ以降に共通する話ですが、工事（施工）をするのは監督ではなく、職人さんです。工事担当者が把握していても、職人さんが把握していないと「残したかったものを壊されてしまう」ことがあります。伝達方法や内容に少しでも疑問を感じたら、要注意です。特に解体工事は外国人労働者が担う場合も多いので、言語の理解度によっては……想像がつきますね。

例えば大事にしている植木を残したい場合、いつ・誰が・どのように職人に伝えるのか？　作業中（作業後）の確認は誰がどのように行うのか？　をしっかり確認しておくことが重要です。

プロ施主チェック！【解体工事】

- 壊すものと残すものをわかりやすく明示してもらう
- 指示系統の確認を行い、作業中または作業後の管理手法を説明してもらう
- 追加工事費用の有無を確認しておく

プロ施主インタビュー①
粘りと熱意こそプロ施主への第一歩

マッチングカウンター紹介の会社はなぜダメだった？

市村　今日は「プロ施主」というキーワードで、M崎さんにご登場願ったわけですが、要はプロに近い施主さんということで、M崎さんがそれに近いかと。

M崎　いえ、私なんかとてもですけど、家を建てるにあたって、あれこれといろいろ体験はしましたし、迷ったことも多かったですから、そんなお話でよろしければ。

市村　M崎さんの場合は、元々ハウスメーカーで検討されていたんですよね。やはり最初はハウスメーカーに行くものなんですか。

M崎　そもそもハウスメーカーと工務店の区別がついてない人もいると思いますが、私の場合は、最初は住宅展示場に行ったんですが、ネット情報で、展示場の営業担当さんは新人が多いから最初に行かないほうがいいというのを聞いて、スーモカウンターに電話しました。そこがスタートでしたね。

市村　すごく一般的な入り方ですね。何社ぐらい紹

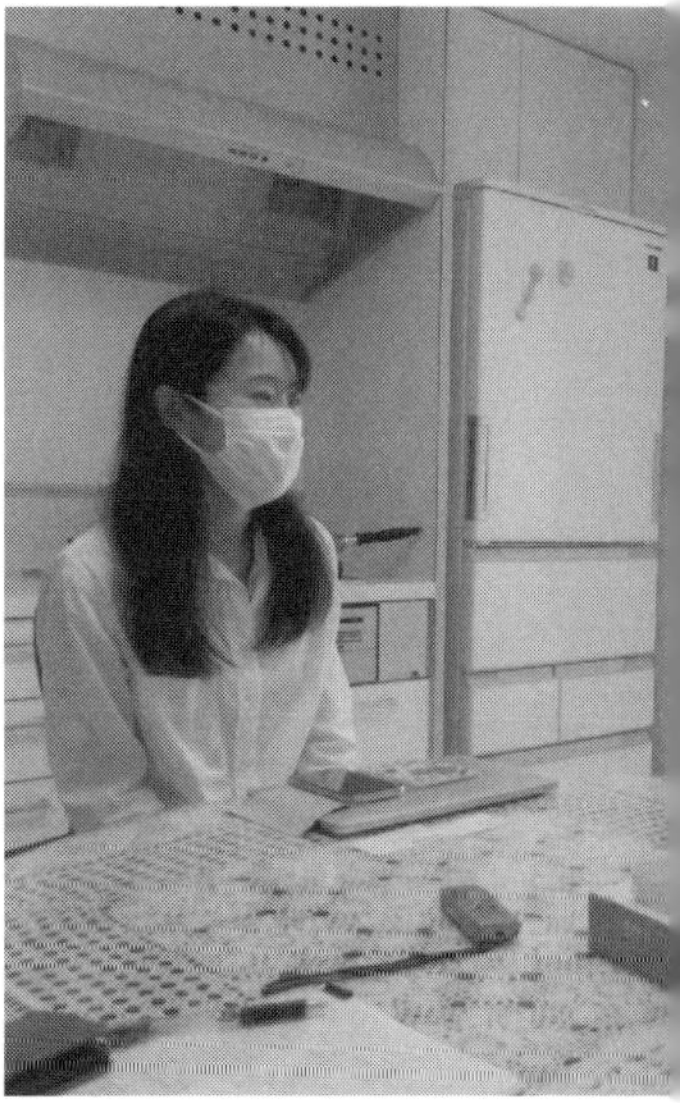

何もわからないところから
粘り強く勉強されたM崎さん(左)

介されました?

M崎　こちらが希望するだけ教えてくれるんですが、最初はローコスト住宅、中堅、大手とそれぞれ2社ずつぐらいです。それでパンフレットをもらって読んで、う〜んという感じだったので、また別のところを紹介してもらったり。だから最初に会った営業担当さんもスーモさんの紹介でした。

市村　パンフレットを見て、だいたいわかるものですか?

M崎　正直、よくわからないです。だからネットの口コミ情報を見て悪い評判の多いところは落としていく感じでしたね。

市村　どんなハウスメーカーを検討されたんですか?

M崎　ハウスメーカーで最後に残ったのが2社で、その2社とはかなり打ち合わせをしてたんですが、最終的にここにお願いしたいっていう感じにはなれなかったんですよ。それで市村さんにご相談して工務店さんを紹介していただいて、お願いすることになった、という流れですね。

市村　その2社にはなぜ頼みたいと思わなかったんですか?

M崎　1社は細かいところまで話を詰めていくと、「それはちょっと難しい」という返事だったりしたのが大きいですかね。コーナー窓にしても、こういう窓の位置にしたいと言っても、「ここは耐力壁でないといけないから小さくする」とか「ここは窓はつけられない」と制約が結構出てきて。うちは四方を家に囲まれているので、この位置に窓を大きく取れないと光が採れない。これができないのは困るんですね。

逆にもう1社は「何でもできますよ」という感じでしたけど、ちょっと変更したいと言うと値段がすぐに高くなってしまう。もちろん、ある程度上がるのは仕方ないですが、その上がり方が他社と比べて飛び抜けて高かった。それで、今の段階でこの調子だと、この先もっと高くなるんじゃないかと思い、二の足を踏みましたね。

工務店に決めた理由

市村　それで、うちへ来ていただいて、工務店で検討してみましょうかという話になった。そこで工務店さんですが、最初にお会いしてどんな印象を持たれました？

M崎　すごく良い印象でした。営業の方がSさんという女性の方で、受け答えもしっかりされているし、全然年上の方なんですけど腰も低い。何を聞いても丁寧に答えてくれましたし。

市村　ハウスメーカーのそれまで会ってた営業マンと比べても、見劣りしないと。

M崎　そうですね。ハウスメーカーの営業さんも最後に残った1社はいい雰囲気の素敵な方でしたけど、最後まで残らなかった会社は「えっ？」と思うような言動があったりしましたね。ちょっと態度が横柄だったり、しっかり連絡してこなかったり、仕事が遅いとか。そうなると、この先に進んで大丈夫かな？　という感じになりますよね。

市村　約束を守らないというのもダメな営業マンに

ありがちですね。「調べておきます」と言って梨のつぶてだったり。工務店のSさんは、そういう人ではなかったということですね。たぶんその頃になると、いろんな調べものをしたりして、家づくりの知識もスタートのときよりは蓄えられていったわけですよね。

無理だと言われながらもこだわった2階のコーナー窓

M崎　そうですね。最初はもう「ツーバイフォーは自由度が低いけど、うちの構造だと自由度が高いです」とか説明されても、意味がわからなかったです。ただ、打ち合わせを重ねていくうちに「自分が思う通りにできないことがあって、それが自由度が低いということなんだ」というようなところが実感としてわかってきました。それから、市村さんの著書をはじめ本を読んだり。

市村　ネットの情報はガクンと質が落ちるという感じはしませんでしたか？

M崎　それはわかります。口コミというのも、客観的な評価を書くのではなく、ちょっとイラついたことがあると書く方が多いと思うんですよね。そういうことも踏まえた上で読まないと間違った情報に流されちゃいますし。

市村　そうやって家づくりの勉強をされていた中で、ちょっと素人だと難しいなというのはどの辺でしたか？

M崎　いや、もうわからないと言えば全部わからない（笑）。勉強すると言っても範囲は膨大じゃないですか。基礎構造、建築方法、防水、断熱・気密とか、量が多すぎて何回投げ出したくなったかわかりません。何としても建て替えなきゃいけないというのがあったので、何とかやり続けられましたけど。

でも、もし何も調べないで市村さんに相談もせず、ハウスメーカーさんに決めていたら、「こんなはずじゃない」という不満ばかり募って後悔したと思いますね。夫ともよく「本当に工務店さんにしてよかったよね」って話すんです。

市村　大工さんがうまくて良かったですね。「いつもの倍ぐらい丁寧にやってます」と言っていましたけど（笑）。

M崎　それはもう市村さんのおかげです。インスペクターが入るんだと思ってドキドキしながらやってますとか言っていましたから。

市村　大工さんも仕事ですから、要は工期が早く終われればお金が儲かるし、仕事が延びれば儲けが減る。でも、そういうのは度外視してやってくれたと思いますね。

M崎　そうなんですね、ありがたいことです。

契約前の打ち合わせで伝えたこと

市村　家づくりは、提案を受けて契約するまでと、契約してから色々打ち合わせして工事着工するまで、そして工事着工から完成までのおよそ三段階がありますけど、どこが一番大変でした？

M崎　やはりお願いするところを決めるまでですね。契約までは、こちらの要望をほぼ伝えた上で、できる・できないを確認して、お値段も検討して工務店さんと契約したので、契約後は「お伝えした通りにお願いします」という感じでした。やはり契約までが大変で、何社も検討しなければいけないというところが一番の負担でした。

市村　お休みの日のたびに何社も打ち合わせしていると、体調を崩される方とかもいますからね。

ところで、契約してから追加の変更なんかで金額が上がるのを気にされていたと思うんですが、最終的に契約した金額とどれぐらい違いましたか？

M崎　３００万円ぐらいだと思います。ただ、それは変更というより地中のガラ（瓦礫）の量が予想外にあって、それの処分代が結構な額でした。

市村　家づくりの部分ではそんなに上がってないと。事前にプラン設計をしっかり詰めておられたからですね。

M崎　キッチンのグレードを上げたとか、そういうのは全然なかったので。

市村　最初に出された要望のポイントはどんなことでしたか？

M崎　ポイントは、まず息子がハウスダストアレルギー、ダニアレルギーみたいなものがあるのがわかっていたので、とにかく掃除がしやすくてホコリが溜まらない、カビとかも発生しないような家っていうのが第一でした。

それと、前の家がリビングやキッチンが全部1階だったんですけど、近くにマンションが建って日当たりが悪くなったので、2階リビングにして、日当たりも良くなるように、窓の位置にこだわってという感じです。

市村　2階リビングというのは、営業マンや設計のほうからではなく、自分たちで要望されたということとは、その時点で勉強されているということですよね。ちなみに、2階リビングの方が構造的に地震に強いというのは知っていました?

M崎 そうなんですか! 全然知らなかった(笑)。

市村 これだけの空間を1階に持っていったら、その分柱が少なくなるわけですから。

「社内検査のデータは非開示」はおかしくない?

市村 打ち合わせ中、あるいは工事中に問題点や心配事はありましたか?

M崎 工事に関しては、問題があったとしても自分たちでは気づけないとわかっていたので、契約前からインスペクターさんをお願いしようってずっと思っていたんですよ。

なので、市村さんにインスペクションをお願いして、問題点は市村さんが発見してくださるから、そこはもうお任せしようと。

仮に素人なりに気になるところもあったとして、直に工務店さんに「ここは○○で大丈夫なんですか?」とか聞いて、「大丈夫です!」と言ってもらったとしても、本当かな? と疑ってしまうと思うんです。その点、第三者であり専門家である市村さんに確認して大丈夫ですよと言ってもらえれば安心できる。そう思ったので、最初から市村さんにお願いしようということでした。

市村 頼んでよかったですか?(笑)

M崎 ほんと頼んでよかったです。

市村 今回は施工に大きな問題はありませんでしたが、それでもちょこちょこ指摘はありましたからね。

M崎　今回関わった各社とも、段階ごとに独自の社内検査項目があって、それに従って検査しているので大丈夫です、と言うんですが、社内の人が社内項目に従ってチェックしても信用性は生まれないと思うんです。もちろん点検をしているのは嘘ではないでしょうけど、その結果は伝えられてないんですよ。

市村　鋭いご指摘ですね。私もそれが問題だなと常々思っていました。

M崎　私は市村さんにお願いしていたから、そこを突っ込みはしませんでしたけど、気にはなりましたね。

市村　人間ドックでデータをもらわないで『大丈夫でしたよ」って言われたら「数値を見せてくださ い」となりますよね。

M崎　家が建った後に検査済証とか設計図みたいな書類をどさっと頂きましたけど、本当は基礎から始まって、施工途中の過程が一番大事じゃないですか。それが最初の基礎から検査結果は知らされてないです。

市村　私たちインスペクターがいても出してこない。検査結果を施主に報告する会社はほとんどないんですよ。「検査、無事終わりました」とメールがきて終わりみたいな。「社内検査の結果を教えて」と言っても「社内情報なんで開示できません」と。常識的に考えて、とんでもない話がまかり通っている業界なんです。

M崎　かと言って自分で調べようと思っても、何を見ればいいのかわからない。基礎の配筋で市村さんが指摘なさっていたのを見ていたんですが、「この辺の話をしてるのかな?」といった感じでしたから。

市村　最後の引き渡しの前に「お客様検査」があったと思いますが、ああいう時にそのためのチェックシートがあったらいいと思いませんか？

M崎　それは思いました。事前にネットで確認すべきことを調べて、それを参考にしながらチェックしました。ドアは全部開けてみる、電気も全部通ってるか確認するとかはやりましたけど、それがなかったら、「ああ、家が建った！」で終わっていたかもしれません。疑ってかかったら悪いかなというのもありますし。

市村　私に頼むと「直接言いづらいことを言ってくれるから、ストレスがなかった」とよく言われるんですよ（笑）。

「できません」に納得してはダメ

市村　実際に住んでみてどうですか？

M崎　すごい快適です。素敵な家になりました。断熱性能の強化も最初からの要望で、断熱材（グラスウール）をマシマシにしてもらったので、そこは少し費用が上がりましたけど、やって良かったです。夏も設定温度27～28度で涼しいですから。実は各社の断熱材の量を比較検討したりして、他の大手さんから「うちの断熱はこれぐらい頑張ってます」という話を聞いていたので、工務店さんにもそれと同レベルのものをお願いしたんですよ。

市村　そういう話を聞くと、やはり複数社で検討しないとダメなんですよね。何社か話を聞くと、お互いの悪口も聞く中で比較もできるし、勉強もできる。こっちのプランのここはいいと思ったら、違う会社に、こういうのはできませんか？　と聞くこともできますからね。

2階リビングの畳間ともう一つのコーナー窓

M崎　そこは本当にそうで、「できない」と言われて「そうなんだ」と思ってしまってはダメだと思いますね。やはりすごい高い買い物なので、譲れないところは、それを実現してくれるところを探さなきゃ、というか諦めてはいけませんよね。実際、できる会社さんがありましたし。

市村　できない理由が、お金がかかる、手間がかかる、技術的に不可能、そのどれなのかで全然違うのに、そういう説明もない場合がほとんどですからね。

M崎　そういうときに市村さんみたいな方がいてくれると、「本当にできないんですか？」と聞くことができますし、市村さんから「できると思いますよ」と聞けば、こちらも強気で言えるので、心強かったです。

かなり昔、欠陥住宅の問題がクローズアップされた時代があって、その時にニュースか何かで見た、そのときの記憶が残っていたんです。インスペクターを頼んでおけば、その費用の何十倍もの損害を防げていたと。だから自分も家建てるときは絶対インスペクターに頼むんだと決めていたんです。

市村　掃除のしやすさはどうですか？

M崎　すごくしやすいです。段差なく、ホコリが溜まるところがなるべく少ないようにと。ただ細かい段差に後から気づいて、それは図面を見てもわからなかったですね。

市村　全体的にはとても満足されているようですが、これから家を建てる人にアドバイスがあれば頂けますか。

M崎　一番は、やはり焦って契約しちゃったらダメですよ、ということですね。ここにお願いしたら自分の望み通りやってくれるというのを確信できて、そこで初めて契約する。打ち合わせも疲れたし、この会社でいいかな、みたいに決めてしまうと後悔することになる、ということですね。

工務店さんと契約するまでも、何回も何回も打ち合わせして、こちらも疲れてくるし、相手も「そろそろいかがでしょうか？」という雰囲気が出てきていると感じました。ただ、それでも納得するまで踏ん張ってやらないと、後からああすれば良かった、というのが出てきて後悔すると思います。

M崎　結局、前の住まいで不便だったところ、便利だったところを全部メモしておいて、それを紙にまとめて渡して、全部実現したという感じですね。契約前の打ち合わせも言った言わないにならないように全部メモしておいて、こういうやり取りがありましたよね、と書面で残るようにメール確認して。

市村　だから家づくりは一大プロジェクトなんですよ。

PART 05

基礎工事 正しく配筋している現場はほとんどない!?

地鎮祭・地縄打合せ

いよいよ工事着工です。一般的には工事開始に先立ち、現地で地縄打合せをします。参加者は建て主と営業担当者、設計担当者、工事担当者というパターンが多いようです。

地鎮祭は神事で、これから始まる工事の安全祈願や建物が無事に完成するように祈ります。神主には「初穂料」をおさめますが、費用は地域によって変わってきますから、相場感を営業担当者に確認しておきましょう。

玉串奉奠（ほうてん）、鍬入れの儀など執り行い、地鎮祭が完了したら「鎮め物」を神主からもらいます。これは土地の神様を鎮める意味があり、基礎工事の際に地中に埋めますので、そのまま工事担当者に渡すケースが多いです。きちんと埋まっているかどうかは後から確認できませんから、現場に行けない場合には

配置を示す地縄

写真撮影をしてもらいましょう。

祭りごとが終われば、地縄打合せ。地縄打合せとは、建物の配置や高さを確認する作業です。この段階では確認申請が完了していますから、変更はできません。打合せというよりは「地縄確認」ということになります。理想を言えば、現地で実際に建物配置を打合せするのは、もっと前の段階がいいですね。

地面に張った縄（多くはビニールひもを使用）を地縄と呼びますが、これが建物位置を示しています。

どこにどのくらいのサイズ感で家が建つのか、皆目見当がついていない方が大半です。図面をもとに実際の敷地で「ここに家が建ちますよ」という確認をします。

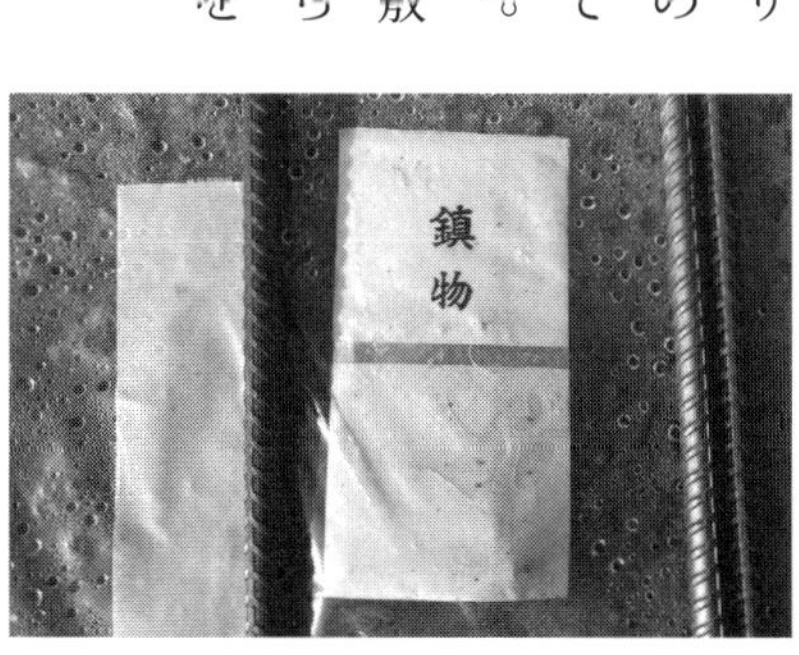

地鎮祭後に地中に納められる鎮め物

プロ施主チェック！【地縄打合せ】

- 敷地境界の指示を行い、建物配置と高さが設計図書通りか確認する
- 電気、ガス、水道のメーター位置と種類を確認する
- 電気に関しては、引き込み位置を確認する
- 水道に関しては、敷地内の排水経路と桝位置、種類を確認する
- 打合せから時間が経過している場合が多いので、念のため「屋根の色」「外壁の種類」「窓の位置とガラスの種類」を確認する
- 建物以外に、外構計画も確認をしておく

地盤改良工事

地盤が軟弱な敷地では、基礎工事の前に地盤補強をしなければなりません。工法はいろいろありますが、木造低層住宅では「鋼管杭」が一般的です。施工は専門の工事業者が行います。

杭を打つ位置や本数、深さ（杭の長さ）は、地盤状況から計算され、決まっています。位置を指示するために「杭芯出し」という作業が行われますから、工事担当者が杭芯を確認しているかの報告を受けましょう。場合によっては杭芯確認を含めて、工事すべてを専門業者にお任せしている監督を見かけますが、あれは感心しませんね。

少し前ですが、あるマンションの「杭工事偽装問題」が世間を騒がせました。せっかく計算して建物が下がらないように地盤改良工事を計画したのに、その通りに施工されていなかった――これでは全

地盤補強のため杭を打ち込む

く意味がありません。

こういう不祥事にも関わらず業界では、未だに現場監督の杭工事への関心は低いのが実情で、勉強不足も否めません。できることなら、杭芯以外にも次のような内容は建て主自身で確認するか、現場監督に確認後の報告を入れてもらうべきだと、強く思います。

プロ施主チェック！【地盤改良工事】

- 現場に搬入される杭の検品状況を確認する
- 支持層に到達しているかの確認をする
- 杭の長さが長い場合には、現場で溶接にて継ぐ必要があるため、溶接状況の管理手法を確認する
- すべての杭が正しく施工されているかを確認する

擁壁工事

周囲と敷地に高低差があった場合は擁壁を築造します。擁壁とは、土が流れだしたりしないように支える壁のことで、建物と近い場合には擁壁を先に工事するケースがあります。

隣家敷地周囲を工事したり、道路際に手を加えたりすることになりますから、問題が発生した場合、自身だけの話では済まなくなります。擁壁工事の着手前には「現況確認」を行ってもらい、できれば事

前状況の写真を撮って記録を残しておくことをお勧めします。

一方で、擁壁がすでに存在する場合、「築造からどの程度年数が経過しているか」に要注意です。昔の法律で築造された擁壁が現行法では「違法」になっているケースもよくあります。これを「既存不適格擁壁」と呼びます。

既存不適格擁壁がある場合には、最悪、崩落するケースも考えられますので、工事には細心の注意が必要です。既存不適格擁壁があるかどうか着工前の確認申請段階で確認をしておき、工事前には現場監督に既存擁壁への配慮など工事計画をきちんとヒヤリングしておくことが重要です。

プロ施主チェック!【擁壁工事】

- 擁壁の仕様と施工管理手法を確認する。主な管理項目は「擁壁の範囲」「擁壁種類」「根入れ深さ」「部材断面寸法」「鉄筋施工状況」「コンクリート品質と流し込み」「水抜き穴を含めた排水計画」
- 記念を兼ねて周辺状況を写真撮影しておく
- 既存擁壁がある場合には、特に注意が必要

基礎工事

事前工事が完了したら、いよいよ建物工事のスタート。最初は基礎です。建物基礎工事は、基礎業者さんに依頼するのが一般的です。工務店などで建てる場合は、瑕疵担保履行法で定められた「瑕疵保険検査」を受ける必要がありますので、あわせて合否判定の報告をしてもらうようにしましょう。

■遣り方

遣り方（やりかた）とは、図面上の寸法を現地に落とし込んでいく作業です。一般的には、写真のように四方を囲むように遣り方をまわしますが、都心部や狭小地などでは建物隅部だけ遣り方をまわす職人さんもいます。遣り方をまわし、各通り芯・高さなどを明示したら基礎工事をスタートさせます。

遣り方を回している現場

■掘削と地業

まず土を掘り起こし基礎底盤下の地均作業を行います。ユンボと呼ばれる重機を駆使して土を掘っていきますが、掘るときに出る余剰な土は専用の捨て場に。この土を「残土」と呼びます。

地業（地均し）は、床付けとも呼ばれる大事な工程です。低層住宅では、一般的に「砕石」と呼ばれる砂利を敷き詰め、転圧することで地業をしていきます。土を掘ってみて初めてわかることもあります。プロ施主であれば、次のようなことにもアンテナを張りましょう。

プロ施主チェック！【掘削】

- 水はけがいいかの確認。特に地盤調査で地下水位が高かった場合は、掘削状況を確認しておく
- 地中障害物は発生した段階で写真を必ず撮影してもらう

■鉄筋組

地業が完了したら鉄筋を組んでいきますが、これをチェックするにはかなり深い知識が必要なため、皆さんが正しく検査するのはまず不可能。それどころか、これまでに膨大な数のインスペクションを経験してきましたが、しっかりと鉄筋の組み方をわかっている現場監督は10人に1人もいないのが悲しい現実です。

当然、基礎の耐久性に直結する最重要工程なので、現場監督の社内検査状況報告をもらった上で、プロ施主としては現場に行き、わかる範囲で確認したいものです。できれば瑕疵保険の検査員がいると

きに行きましょう（とは言っても残念なことに、瑕疵保険の検査員もその実力はピンキリですが……）。

現場監督から報告を受けたい項目は次のことで、確認の有無と結果を報告してもらいましょう。

- 建物配置、基礎高さ関係は設計図書通りか、実測数値はいくつか
- 基礎対角計測の寸法は計算値といくつ違っているか
- 鉄筋のミルシートを確認したか
- 設計図書に指定された、鉄筋径（太さ）と本数（補強筋を含む）の整合性確認報告

プロ施主としては、特に指摘の多い次の項目を現地確認したいところです。

プロ施主チェック！【基礎の配筋】

- 鉄筋のかぶり厚さ（鉄筋を覆うコンクリートの厚さ）が確保されているか
- 鉄筋が混雑していないか

基礎の鉄筋を組んでいる現場

■耐圧盤コンクリート流し込み

木造低層住宅では、シングルべた基礎を採用している住宅会社が多く、コンクリートを二度に分けて流し込みをすることが多いです。ちなみに、一度でコンクリートを打設（流し込み）することを「一発打ち」などと呼びます。

プラント工場からミキサーで運ばれてくるコンクリートをポンプ車と呼ばれる重機を使って打設をしていきます。二度に分けて打設する手順の場合には、まず「耐圧版」のコンクリートを打ち込みします。

コンクリートは他の部材とちがって原料をミキサー車で攪拌しながら現場へ運び、流し込んだ後に固まってから初めて部材品質が確定しますから、きちんとした管理が必要です。しかし、コンクリートの流し込みを職人さんにお任せしている住宅会社（現場監督）が非常に多く、かなりアバウトな施工状況を頻繁に見ます。そこで計画通りの品質が確保されるように、次の内容を確認した上で報告を求めるべきです。

耐圧版（べた基礎）の打設状況。ノーヘルメットは感心しませんね

プロ施主チェック!

【コンクリート打設】

- コンクリートを発注するプラントは「JIS規格工場」か
- コンクリート配合計画書を打設前に確認したか
- 打設時の天候確認と、雨天時の打設可否の判断基準はどうなっているか
- 配合計画書通りのコンクリートが搬入されたか
- 養生計画の説明を事前に受ける

コンクリート納入伝票。現場ではこれをしっかり確認しているかもチェックポイント

コンクリートは「水」「セメント」「細骨材（砂）」「粗骨材（砂利）」で構成されるのが基本。水とセメントを攪拌することで固まります。特に大事なのはこれらの配合計画、つまりは比率です。配合計画では、注文したコンクリートの配合がわかるようになっていますから、興味がある方はぜひチェックして下さい。

プロ施主チェック！【コンクリート配合】

●「水セメント比」「セメント種類」「骨材寸法」「スランプ」「塩化物量」「空気量」の数値が適切かどうか確認する

コンクリートの配合計画書

レディーミクストコンクリート配合計画書　No.2023-07-160

殿　　2023 年　7 月　6 日

配合計画者名

工事名称	
所在地	
納入予定時期	2023年　7月上旬　～　2023年　7月下旬
本配合の適用期間	7月6日～9月11日　（夏期）23区（修正標準配合）
コンクリートの打込み箇所	耐圧・立上り

配合の設計条件

呼び方	コンクリートの種類による記号	呼び強度	ｽﾗﾝﾌﾟ又はｽﾗﾝﾌﾟﾌﾛｰ cm	粗骨材の最大寸法 mm	セメントの種類による記号
	普通	30	18	20	N

指定事項（必須）	セメントの種類	呼び方欄に記載	粗骨材の最大寸法	呼び方欄に記載
	骨材の種類	使用材料欄に記載	アルカリシリカ反応抑制対策の方法	A
指定事項（任意）	骨材のアルカリシリカ反応性による区分	使用材料欄に記載	軽量コンクリートの単位容積質量	－　kg/m³
	水の区分	使用材料欄に記載	コンクリートの温度	－　℃
	混和材料の種類及び使用量	使用材料及び配合表欄に記載	水セメント比の目標値の上限	55　%
	塩化物含有量	0.30 kg/m³以下	単位水量の目標値の上限	185　kg/m³
	呼び強度を保証する材齢	28　日	単位セメント量の目標値の下限又は目標値の上限	－　kg/m³
	空気量	4.5　%	流動化後のスランプ増大量	－　cm

使用材料

セメント	生産者名	UBE三菱セメント株式会社		密度 g/cm³	3.16	Na_2Oeq %	0.56
混和材	製品名	－	種類　－	密度 g/cm³	－	Na_2Oeq %	－

骨材	No.	種類	産地又は品名	ｱﾙｶﾘｼﾘｶ反応性による区分 区分	試験方法	粒の大きさの範囲	粗粒率又は実積率	密度 g/cm³ 絶乾	表乾	微粒分量の範囲%
細骨材	①	山砂	千葉県君津市（混合30%）	A	モルタルバー法	5以下	2.40	－	2.60	－
	②	砕砂	福岡県北九州市（混合70%）	A	モルタルバー法	5以下	2.40	－	2.68	3.0+2.0
	③	－	－	－	－	－	－	－	－	－
粗骨材	①	砕石	高知県鳥形山産	A	モルタルバー法	20～5	60	－	2.70	1.5±1.0
	②	－	－	－	－	－	－	－	－	－
	③	－	－	－	－	－	－	－	－	－

混和剤①	製品名	ﾌｫｰﾘｯｸ SF500R	種類	高性能ＡＥ減水剤 遅延形	Na_2Oeq %　0.9
混和剤②		－		－	－

細骨材の塩化物量	①　0.000　%	②　－　%	水の区分	上水道水	目標ｽﾗｯｼﾞ固形分率　－ %
回収骨材の使用方法	細骨材　－	粗骨材　－			安定化スラッジ水の使用の　有・無

配合表　kg/m³

セメント	混和材	水	細骨材①	細骨材②	細骨材③	粗骨材①	粗骨材②	粗骨材③	混和剤①	混和剤②
355	－	170	246	590	－	970	－	－	3.66	－

水セメント比	48.0　%	水結合材比	－　%	細骨材率	46.7　%

備考　JIS品

Ｆｃ＝２４　Ｓ＝６

骨材の質量配合割合，混和剤の使用量については，断りなしに変更する場合がある。

■型枠とアンカーセット

基礎工事の次手順は、立ち上がりの型枠組立とアンカーボルトのセットです。

型枠は鋼製型枠と木製型枠の2種類があり、どちらを使うかは職人さん次第です。鋼製型枠のメリットは、寸法誤差が少ない・仕上がりがきれいという点です。木製型枠は加工が容易で、複雑な基礎形状や特別にオーダーした擁壁やシャ

鋼製型枠

ッターゲートなどに対応可能です。共通して言えるのは、かなりの回数を使用した型枠は仕上がりに難点があるということです。

アンカーボルトは、柱や土台を固定するために設置する、構造上の重要な部材です。コンクリートに埋め込むことにより、引き抜きの力に抵抗してくれるのですが、この引き抜き抵抗がきちんとしているかが重要です。そのためチェックポイントは、種類と埋め込みの深さになります。

アンカーボルトのフック部分。かぶり厚がとれていない様子

種類に関しては、各社金物メーカーが認定を取得しているボルトを使用しますから、認定品かどうかの確認をしましょう。次に示すのは、その一例であるＺマーク金物です。

また認定品には「埋め込み深さ」が記載されていますので、それを現場で確認する必要があります。

<認定マークの例示>

プロ施主チェック!【アンカーボルト】

- アンカーボルトの種類・位置・高さが図面通りか確認する
- アンカーボルトのかぶり厚さが確保されているか確認する

■立ち上がりコンクリート流し込みとレベラー施工

アンカーセットが完了したら、二度目のコンクリート打設です。立ち上がり部分（地盤から上に出ている部分）を流し込み、養生期間を経てコンクリートが固まるのを待ちます。

基礎天端（基礎上の水平部分）は、現在では「レベラー材（セルフレベリング材）」を施工する手法が多く採用されています。レベラーは水のような流動性の高いモルタルで、水平確保を容易にするためのものです。

コンクリートの品質に関しては一度目と同じ内容をチェックします。二度に分けてコンクリート打設をする場合には次のポイントが重要です。事前に現場監督に確認をしておきましょう。

レベラー材の流し込み

プロ施主チェック！【二度目のコンクリート打設】

- コンクリートの打継（うちつぎ）はレイタンス処理をしているか？
- 打継時間はしっかり監理されているか？

■コンクリート養生

コンクリートが固まり、初期強度が発現するまでの期間を養生期間と呼びます。コンクリートの強度は、時間経過とともにじわじわ増していく特性があります。

強度は抜取り検査により1週強度・4週強度と2回に分けて確認をしますが、強度管理を実施していない住宅会社は単純に日数で品質をグリップします。つまり「養生期間は○日」と決めていて、その日が来たら型枠を外す作業を行います。木造低層住宅では、季節ごとの養生日数を決め、管理している会社が多い印象です。

プロ施主チェック！【コンクリート強度と養生方法】

- コンクリート強度の管理方法を確認する
- 養生方法と期間が計画通りであったか報告を受ける

基礎完成の様子

■型枠脱型と仕上げ

養生期間を経て、脱型（型枠の取り外し）後に、仕上げを行って基礎工事は完了です。

仕上げは一般的に「塗装仕上げ」か「左官刷毛引き仕上げ」が採用されます。塗装の場合は脱型直後に塗装することが多く、刷毛引きの場合は工事完成直前に施工するケースが一般的です。特に塗装仕上げを脱型後にする場合は、外周部の基礎の仕上がりを直接見ることができないため、塗装前に仕上がり状況を確認しておくべきです。現場監督にチェックのタイミングを申し送りしておきましょう。

なお、基礎断熱を採用するケースでコンクリート流し込みの前に型枠に断熱材を入れ込む工法（打ち込み工法）でやる場合、その面の仕上がりは確認できませんから、「きっと大丈夫なはず」という性善説に頼るしかありません。

基礎完成時には次の項目について自身で確認するか、現場監督から報告を受けましょう。

ジャンカが出てしまった基礎

プロ施主チェック!【基礎の仕上げ】

- アンカーボルト位置、出寸法は設計図書通りか
- 基礎天端の高さが設計図書と相違ないか、実測寸法を確認
- コンクリート表面に「クラック（ひび割れ）」や「ジャンカ（隙間）」がないか
- 基礎天端のレベラーに浮きがないか

なお、基礎工事中には設備業者も作業に入ります。水道工事にガス工事、電気工事の設備業者なども作業することがあります。問題は、基礎業者の施工区分と設備業者の施工区分が曖昧になっている住宅会社が多いことで、設備業者の管理をしていない現場監督も目立ちます。必要な作業は何か？　いつ作業をしてもらうか？　チェック実施の有無を確認しておき、管理状況の報告を受けましょう。

PART 06

建前工事

床、柱、梁はここをチェック！

建前工事

■ **先行足場**

基礎工事が終わって、完成した基礎の上に柱や梁といった構造材を組み立てる工事は高所作業になります。そのため安全に配慮し、足場を先行して組むのが一般的です。当然うるさい工事音も出ますし、ここから本格的に家を組み上げていく作業に入るので、近隣への配慮も欠かせません。

プロ施主チェック!【足場を組む前】

- 現場監督に近隣挨拶を行ったかを確認する

いよいよ家づくりの花形工事である「建前工事」がスタートです。大勢の大工さんで一気に組み上げる様は圧巻で、見た目も「家」らしくなってきますから、このタイミングで実感がこみ上げてくる方が多いと思います。工法により使用材料や手順は異なりますが、在来軸組工法で説明すれば、作業順序は

土台に開けられた
アンカーボルトの穴

次のような流れが一般的です。

■土台敷き

基礎上に描かれた基準となる墨のラインに合わせて土台を敷いていきます。基礎からはアンカーボルトが突出していますから、その位置を確認し、土台に穴をあけて敷きます。

最近では圧入式の土台を採択しているケースも多いですが、白アリ対策の防蟻材を塗布する必要がある場合には、開けた穴や土台の裏側を先に塗布してから敷きこまないと後からは塗れなくなってしまいます。

基礎上に敷かれた土台

プロ施主チェック！【土台敷き】

- 土台の寸法は合っているか、樹種は設計図書通りか
- 土台裏やアンカーボルト先穴にも防蟻材の塗布がされているか

■床断熱工事

床断熱工法を採用している場合には、床の下地を組んだら、断熱材を施工します。

断熱材は、落下しないように専用のピンなどを用いて敷きます。稀に専用材を使用せずに釘などで断熱材を嵌めていく大工さんもいますが、断熱材のずれ落ちが懸念されるので、注意が必要です。床下地は土台のほかに「大引き（おおびき）」という木材で碁盤の目のように組んでいき、大引きは「束（つか）」と呼ばれる鋼製束で下から支える構成になっています。

敷き込みの床断熱材は、住んでからでも床下に潜れば部分的には確認できますが、工事中に確認できる部分は目視で確認しておきたいですね。

プロ施主チェック！【床断熱工法】

- 断熱材の種類、厚みは設計図書通りか
- 専用ピンなど固定方法は適切か
- 断熱材が隙間なく敷き込まれているか

断熱材を床に嵌め込む

また、大引きとそれを支える束に関しては次項目の確認が重要です

プロ施主チェック!【大引きと束】

- 大引き継ぎ手に釘が打たれているか?
- 束の数、施工はメーカー施工マニュアルに準じているか

床断熱工法以外には、基礎断熱工法（内側・外側）があります。基礎断熱工法には、断熱材をコンクリート流し込みの前に型枠内側に貼るケースと、基礎が出来上がってから接着剤で貼るケースがあります。後者は隙間が出やすいので要注意です。また、基礎内側に断熱材を施工する場合には、ヒートブリッジ（結露）対策で折り返しが必要です。

プロ施主チェック!【基礎断熱工法】

- 断熱材同士、または基礎と断熱材に隙間がないか
- （内断熱の場合）折り返し寸法は設計図書通りか

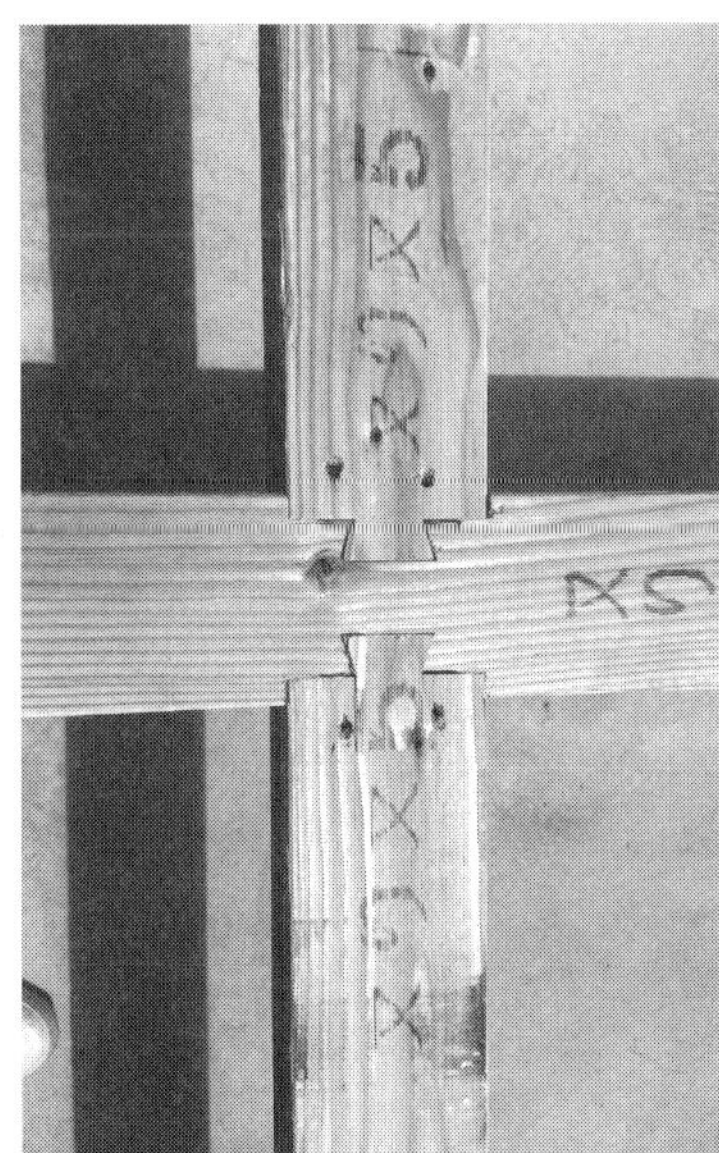

大引きの釘打ちの様子

■柱おこし・梁架け

　次に柱を建てていきます。柱はプレカット工場で番付けされており、番号を見ながら指定の位置に建てていきます。建前工事では、棟梁が仲間内の大工さんを応援に呼び、大人数で棟上げしていきます。

　通常規模の在来（木造軸組）工法であれば、1日で屋根の下地まで組み上げます。柱を建てきったら、梁を架けていきます。レッカーで材料を荷揚げしながら、事前に決めた役割分担に従って段取りよく組み上げます。高所作業で、不安定な足場のため、安全に十分配慮して作業を行わなければいけません。

柱を建て、梁を架ける建前工事の光景

■野地板張り

　屋根の下地材である「野地板」を貼れば、建前工事は終了です。

「上棟式」を行う場合は、ちょうどこのタイミングです。上棟式では、棟上げを無事に終えられたことを祝い、以降の作業も安全に進むように祈願します。大工さんたちを労う食事会のようなもので、昔は近所の方を呼んで餅を撒いたりしていましたが、最近はそこまで本格的な上棟式は少なくなったと思います。

　着工時の地鎮祭もそうですが、最近は神事を省くケースが多いと思います。ただ、職人さんたちも人間ですから、少なくとも労いの言葉などは必要ですよね。

PART 07

要チェックポイントが目白押し

屋根、天井、壁、サッシ

屋根と天井、壁の施工

■耐力壁施工と屋根ルーフィング

現在の木造住宅の構造は、家を箱のような構造にして地震の揺れなどに抵抗する考え方をします。箱にするには、耐力壁（旧来からなじみのある筋交いのほか、現在では面材にて耐力壁を構成していく手法）を用いるのが一般的です。

このあたりから、現場の進捗が目に見えて遅くなったように感じますが、実際には大工さんのやることはたくさんあり、着実に進んでいます。窓を取り付けたり、構造用金物を施工したりしながら構造組み立ての完成へ向けて作業を実施します。

同時進行で、屋根下地の上に「ルーフィング（防水シート）」を施工します。表面の屋根材と下地材の間で雨の浸入を防ぐ大切なもので、木造は雨が大敵ですから外部工事は極力早く進めたいものです。

ここで重要なのが、構造用金物の施工状況です。柱と梁や梁同士は、金物で固定していくのが通常です。

これらは金物メーカーの認定品となりますから、自分で施工チェックをしたい場合には使用する金物メーカーの「施工マニュアル」に目を通しておく必要があります。

金物施工が完了した段階でも、基礎配筋工事でも実施された「瑕疵保険検査」が必要になります。ただし、ちゃんと出来上がっていることが大前提で検査をしますので、細かい部分や施工が正しいかどうかは検査しません。全箇所きちんと取り付けてあるか？　施工マニュアル通りか？　は現場監督が検査しますから、その結果報告を受けましょう。

上棟時の検査は専門的なことが多いですが、メー

ルーフィング処理された屋根

柱や梁を固定する金物の施工は、構造強度に関わる重要なチェックポイント

カー認定品を使う場合が多いので、施工マニュアルさえ見ておけば、皆さんでもある程度は検査できるはずです。現場監督からの社内検査結果については、少なくとも次の報告を受けましょう。

プロ施主チェック!【耐力壁施工】

- 構造用金物は設計図書通りに設置されているか。また施工マニュアル通りか
- 柱や梁などの構造材部材断面寸法は設計図書通りか。また樹種は指定通りか
- 耐力壁の割り付け（位置）は設計図書通りか
- 認定耐力壁の場合は、メーカー規定を順守した施工がされているか
- 筋交いは正しく施工されているか
- 床合板の厚みは設計図書通りか
- 釘打ち状況の検査結果の確認。特に使用する釘の種類、釘の間隔は確認したか
- 構造材に許容超えの欠損（欠けなど）はなかったか
- 含水率の管理状況

樹種確認ですが、パッと見て檜なのか米松なのか、はたまた杉なのか、見分ける自信がないよ……という声が聞こえてきそうですね。そういった場合には、プレカット工場から出荷証明書を提出してもらいましょう。

これには、樹種は勿論、部材寸法なども明記され

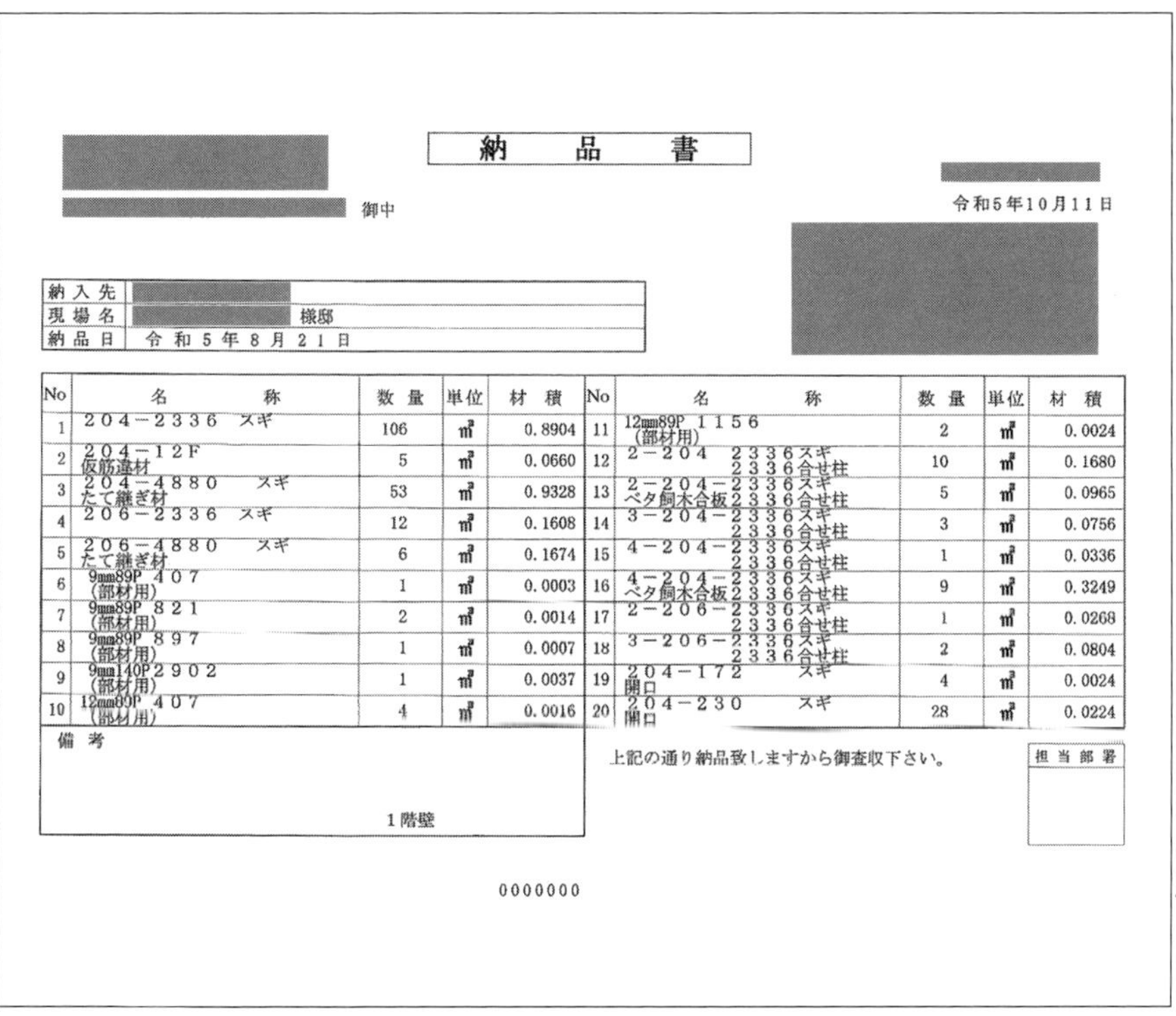

納品書

御中

令和5年10月11日

納入先	
現場名	様邸
納品日	令和5年8月21日

No	名称	数量	単位	材積	No	名称	数量	単位	材積
1	204－2336 スギ	106	㎥	0.8904	11	12mm89P 1156 (部材用)	2	㎥	0.0024
2	204－12F 仮筋違材	5	㎥	0.0660	12	2－204 2336スギ 2336合せ柱	10	㎥	0.1680
3	204－4880 スギ たて継ぎ材	53	㎥	0.9328	13	2－204－2336スギ ベタ飼木合板2336合せ柱	5	㎥	0.0965
4	206－2336 スギ	12	㎥	0.1608	14	3－204－2336スギ 2336合せ柱	3	㎥	0.0756
5	206－4880 スギ たて継ぎ材	6	㎥	0.1674	15	4－204－2336スギ 2336合せ柱	1	㎥	0.0336
6	9mm89P 407 (部材用)	1	㎥	0.0003	16	4－204－2336スギ ベタ飼木合板2336合せ柱	9	㎥	0.3249
7	9mm89P 821 (部材用)	2	㎥	0.0014	17	2－206－2336スギ 2336合せ柱	1	㎥	0.0268
8	9mm89P 897 (部材用)	1	㎥	0.0007	18	3－206－2336スギ 2336合せ柱	2	㎥	0.0804
9	9mm140P2902 (部材用)	1	㎥	0.0037	19	204－172 スギ 開口	4	㎥	0.0024
10	12mm89P 407 (部材用)	4	㎥	0.0016	20	204－230 スギ 開口	28	㎥	0.0224

備考

1階壁

上記の通り納品致しますから御査収下さい。

担当部署

0000000

出荷証明書の一例

ていますから、おおよそは把握できると思います。

　この辺りから、内部と外部が同時並行で進んでいきます。内部工事のメインは大工さんが進めていき、外部は防水業者や外装業者が工事を担当します。特に内部は大工さんのペースで進みがちで、明確な区切りも曖昧な感じになります。

　品質確認をするタイミングとしては、断熱材完了時（石膏ボードを貼る前）と大工さんの工事が終わる造作工事完了時が一応の目安だと思います。

　本書では、現場の流れを大まかにまとめましたので、現場に行った際に気になる点は確認しておきましょう。

内部耐力壁の施工

■3種類の内部耐力壁

耐力壁の施工

建前工事のところで出てきた「耐力壁」は、内部にも存在します。配線や配管工事が完了すると、ようやく耐力壁の施工が可能になりますが、家の構造に関わる重要な部位ですから、必ずチェックが必要です。

耐力壁は、大きく分けると「筋交い」「構造用合板」「認定面材」の3種類です。ここで、簡単に耐力壁について説明しておきます。

読者の皆さん誰もが気になるスペックは「耐震性(能)」だと思います。その名の通り地震に強い家にするためには、大きな力が加わった時に建物が変形しないことが求められます。例えば次ページの絵のように、地震時に横方向から力が発生したとします(図1)。

この力に抵抗する（建物の変形を防ぐ）ために耐力壁が必要になります。わかりやすいイメージ図を描くと、力の方向へ人間が押し返しているのがわか

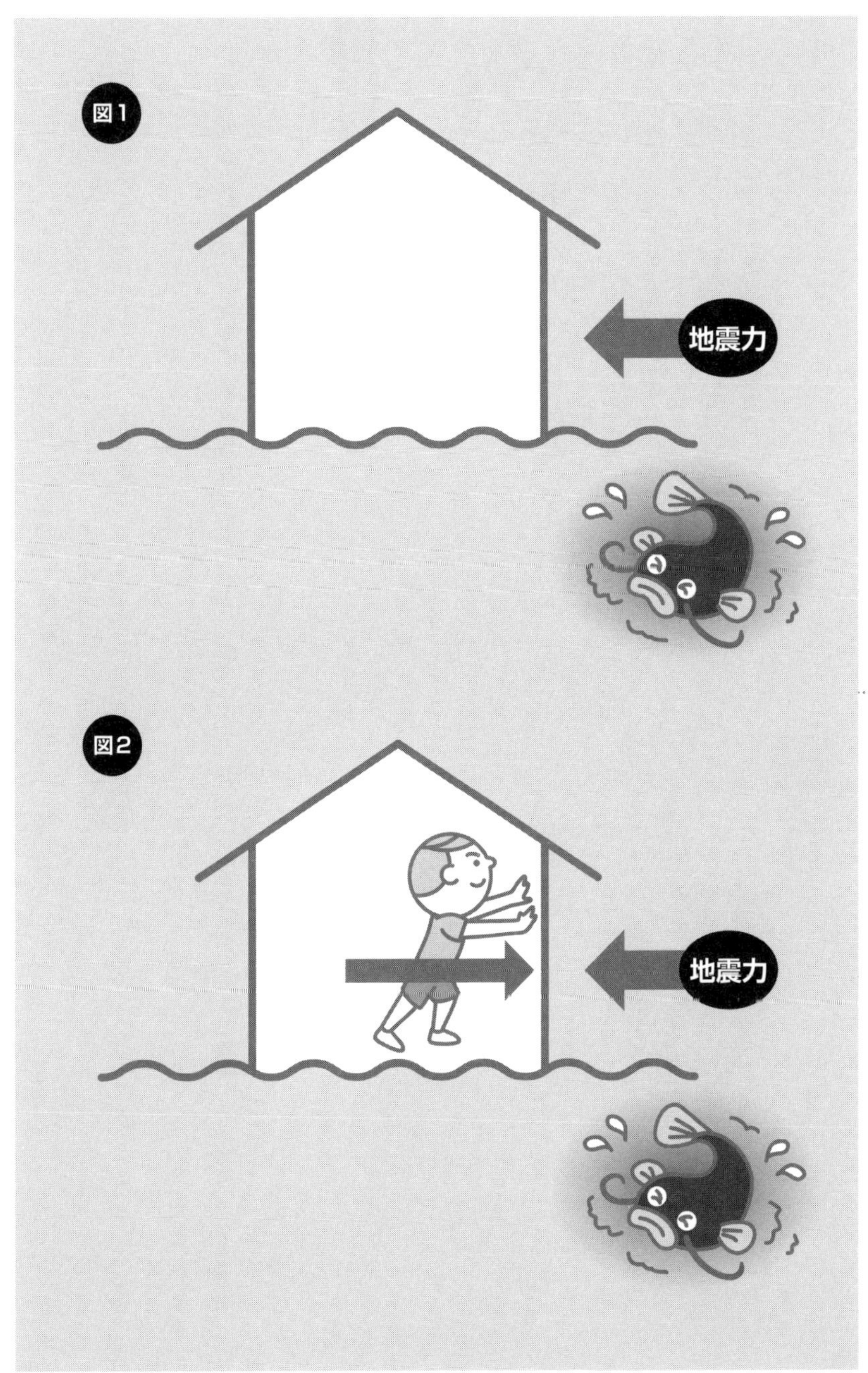
図1
地震力
図2
地震力

ります（図2）。

　この時に、押し返す力が強ければ強いほど変形しないということになりますが、建築業界では、この押し返す力を「壁倍率」で表示しています。設計時に計算された壁倍率が建てられた家にあればいいわけですが、この押し返す力が弱いと、地震時に期待した抵抗が発揮できずに変形が起こる事態になります。

　計算上の性能をきちんと発揮するには、「施工が正しく行われているか」――これが非常に重要になるわけです。耐力壁のチェックポイントを挙げておきます。

プロ施主チェック！【筋交い】

- 指定された部材断面寸法（厚み・幅）かどうか
- 欠損はないか
- 端部の金物はマニュアル通りに施工されているか

　昨今の筋交いは認定金物で固定するのが一般的です。各金物メーカーから発売されていますが、実験により筋交い倍率が算出されていますから、マニュアル通りの施工が求められます。

筋交いの金物固定がマニュアル通りに施工されているかは重要なチェックポイント

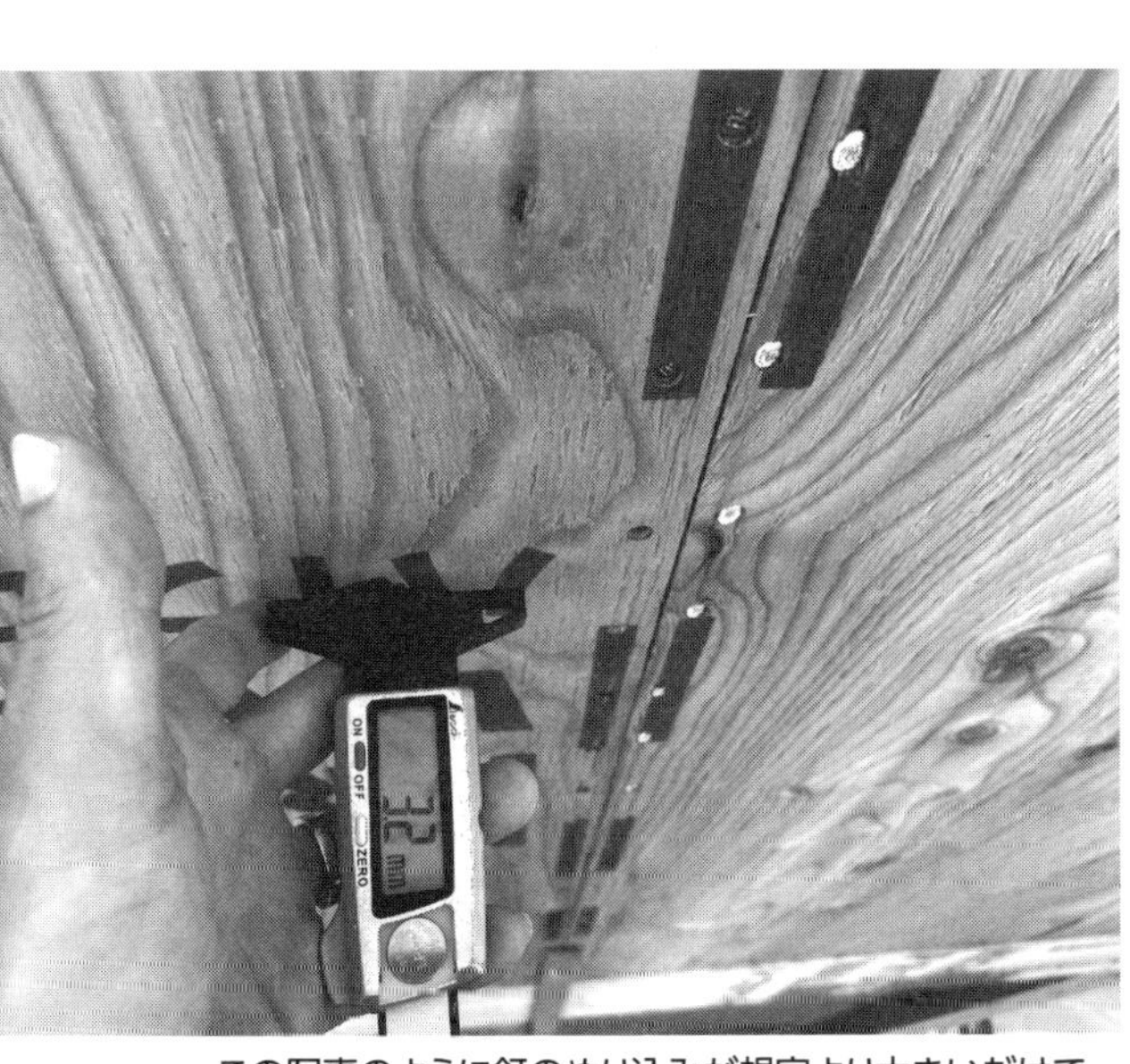

この写真のように釘のめり込みが規定より大きいだけで耐力が低減してしまう

プロ施主チェック！【構造用合板、認定面材施工】

- 指定された面材種類か。厚みは設計図書通りか
- 固定する釘の種類、釘打ち方法は適切か。特に釘打ちの間隔やめり込み寸法が重要
- 開口する（穴をあける）場合には、適切な補強がされているかを確認

現場監督のチェックをフィードバックしてもらうのは当然ですが、プロ施主としては自邸の耐力面材の施工マニュアルに目を通してみるのもいいと思います。

■羽柄材とサッシ取付け

内部は大工さんが工事を進めていきます。羽柄材（はがら）とは構造材以外のもの、簡単に言えば下地材のことです。建前工事が終わってから下地工事を進めていくのですが、これに結構な時間を要します。というのも、下地の精度はそのまま仕上がりに影響するからで、逆を言えばこのあたりの作業をやたらスピーディに行う現場は、後々の完成品質が心配になります。

サッシは窓の呼称です。サッシは枠（窓をはめる外枠）と障子（ガラスと接する縦横の枠）で構成されており、まず枠を取り付けます。サッシの取り付けが完了したら、依頼したサッシで間違いないかどうか確認しましょう。

プロ施主チェック！【サッシ施工】

- サッシ枠の色、ガラス種類は設計図書通りか
- サッシの位置、高さは設計図書（打合せ）通りか

なお、このタイミングではサッシ調整はされていません。網戸も工事の終盤で取り付けられますから、障子のスムーズな動きなどは引渡し前に確認をします。

サッシ取り付け後の現場

ベランダやバルコニー計画がある場合には、ベランダに出るドアや掃出しのサッシが計画されます。この時、バルコニーの防水に釘留めをする、つまり釘で「穴をあける」ことになりますから、その部分

の施工状況を確認します。経年により雨漏れが発生しやすい箇所になるため、きちんとした施工と確認が必要です。

プロ施主チェック!【掃出しサッシ施工】

● 掃出しサッシの下側の釘は、止水処理がされているかを確認

サッシ下の釘は要注意

■ **設備配線**

大工さんの下地作業がある程度進んだら、設備業者が配線や配管工事を行います。主に水道業者、電気業者、ガス業者ですが、各業者の作業区分とチェック項目は次のようになります。現場監督が「設備業者にお任せ」にしている現場がほとんどで、知識不足も散見されます。設備業者の自主検査と併せて、確認を促しましょう。

プロ施主チェック！【水道業者の工事】

- 配管の種類は設計図書通りか
- 排水管の勾配は適切か
- 給排水管接続は確実に行われているか

排水管の未接続や接着不良が稀に発生します。汚水配管の接続が悪く、壁や床のなかに汚物が流れ込んでしまった、という事例もあります。しっかり固定されているかを確認しましょう。

プロ施主チェック！【電気業者の工事】

- スイッチＢＯＸの種類は適切か
- 換気扇など外壁貫通部の配管は、外部に水勾配が確保されているか

準耐火建築物では、スイッチＢＯＸは鋼製のものを使用します。また、鋼製ＢＯＸの場合にはブッシング（配線破損防止のための部品）を取り付けます

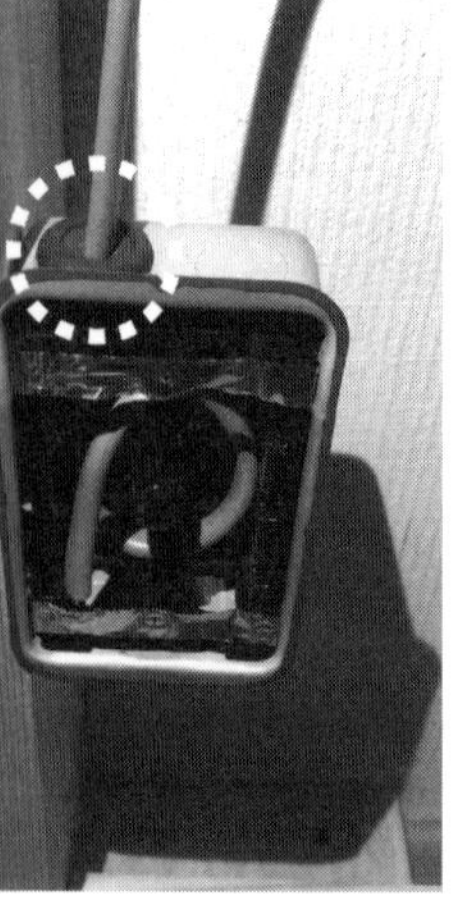

スイッチBOXの外側に取り付けられた丸い樹脂部品がブッシング

が、設置忘れの現場が散見されますので、確認をしておきましょう。

プロ施主チェック!【ガス業者の工事】

● ガス配管への釘打ちを防止する措置が取られているか

井桁に組まれた天井下地

■天井下地

天井の下地材は木製と鋼製のどちらかで組みますが、木製が大半です。木製下地の現場では「野縁(のぶち)」と呼ばれる材料を井桁(碁盤の目のような組み方)または片流れ(一方向に組んでいく)に組んでいきます。重量物を吊るす(室内物干しやシャンデリアなどの設置)計画がある場合には下地補強が必要です。耐荷重を見越した計画と下地補強がされているかを確認します。

上階床からの遮音性能に配慮する場合、振動を軽減させる「防振吊り木」を採用する場合もありますから、仕様確認も併せて実施しましょう。その他にプロ施主としては最低限、次の点を確認しておきましょう。

プロ施主チェック!【天井下地】

- 部材寸法（野縁など下地材の高さ、幅、厚みなどの寸法）は設計図書通りか
- 野縁を固定する「吊り木」の間隔は適切か
- DL（ダウンライト）位置と下地が干渉していないかの確認
- 居室天井高さの確認

PART 08

多くのプロ施主のこだわりポイント

断熱（壁・屋根・天井）

断熱工事①

壁断熱

断熱工事は、大工さんが施工するケースと専門業者が施工するケースがあります。まずは基本的な断熱工法を知っておきましょう。

■繊維系充填工法

写真のロックウールなどを使用するケースが多い工法ですが、この場合は主に大工さんが施工するのが一般的です。断熱材の中の空気によって断熱性能を確保するので通常の隙間チェック以外に「断熱材がつぶれていないか」のチェックが必要です。

■吹き付け工法

吹き付け工法では写真のように発泡ウレタンを吹き付けるのが一般的です。あとから膨らむので隙間が発生しづらい特徴がありますが、厚み不足が懸念

繊維系断熱材の代表格、ロックウール

吹き付け工法の代表格、発泡ウレタン

されます。

■吹き込み工法

シートを先貼りした後、断熱材を吹き込んでいく工法です。シートの施工が杜撰だと、隙間から断熱材が室内側へ侵入するなどの不具合が発生します。

■ボード系充填工法

木造では木が反ったりねじれたりしますから、木材との隙間が発生しやすい工法です。

どの工法にも共通する断熱材の基本的なチェックポイントは2点です。①隙間がないこと、②防湿層(湿気防止のポリエチレンフィルムなど)が途切れず連続していること。この2点に尽きますから、自身で確認するか、監督から社内検査の報告を受けてください。

プロ施主チェック！【壁断熱】

- 断熱材は、設計図書通りのグレードで種類や厚さは合っているか
- 外部に面した部分に断熱材の入れ忘れがないか
- 有害な欠損やつぶれがないか
- 防湿層が連続しているか

断熱工事② 屋根と天井

屋根の断熱に関してもいくつかの考え方がありますが、ここでは屋根断熱と天井断熱の２パターンを紹介します。

■屋根断熱

屋根断熱の断熱材は、ボード状断熱材または吹付断熱材を使うのが一般的です。

■天井断熱

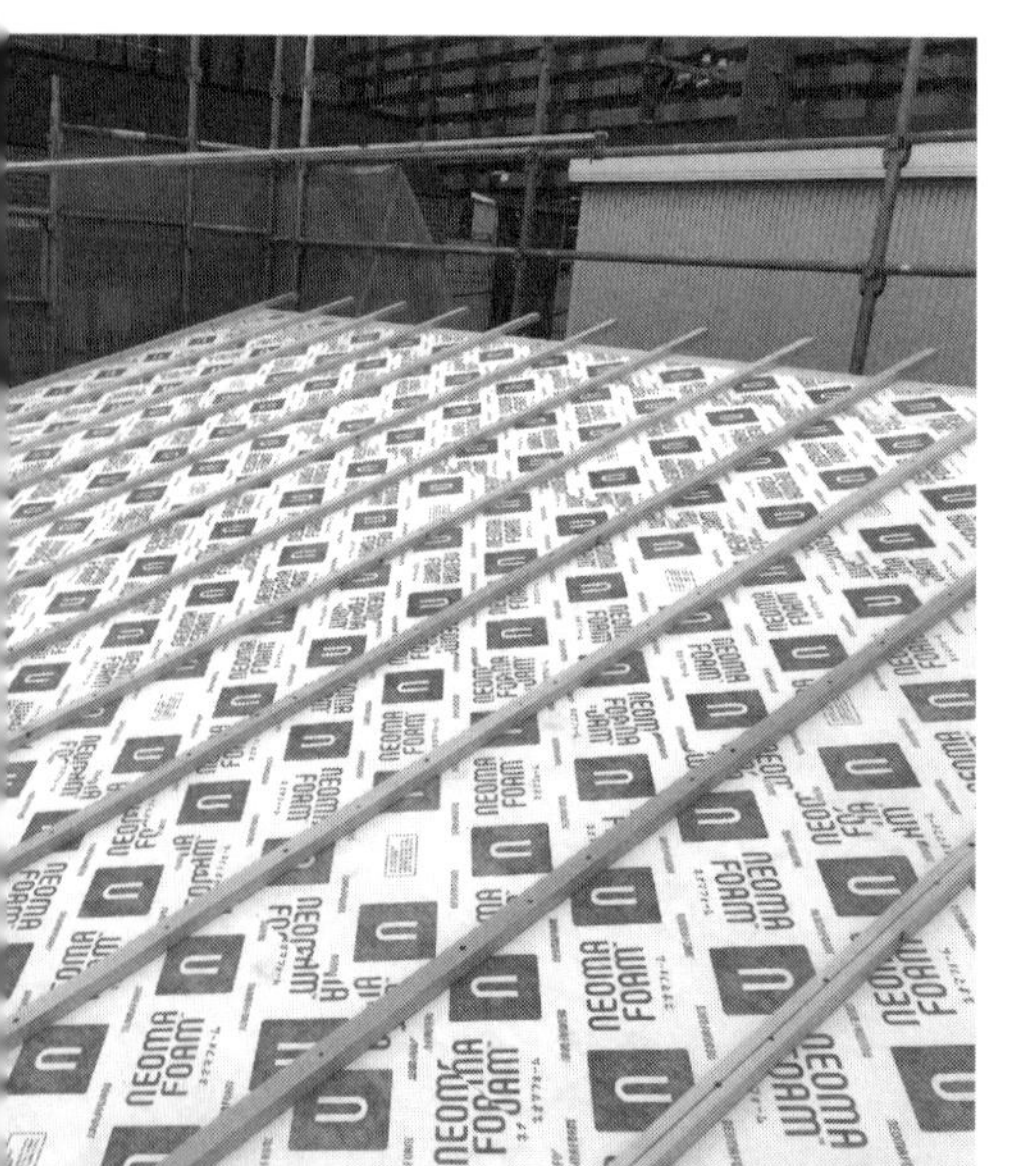

屋根に入れ込まれたボード状断熱材

天井断熱では、繊維系断熱材を天井裏に敷く、敷き込み工法または吹き込み工法が一般的です。

屋根、天井とも厚みの管理が難しいため、きちんと社内管理されているかは住宅会社によってだいぶ違うと思います。管理手法を事前にヒヤリングしておき、疑義がある場合には、内容のすり合わせをしておくことを推奨します。

【屋根・天井断熱】

プロ施主チェック！

- 断熱材は、設計図書通りのグレードで種類や厚さは合っているか
- 外部に面した部分に断熱材の入れ忘れがないか
- 有害な欠損やつぶれがないか
- 防湿層が連続しているか
- 屋根断熱の場合……屋根通気層は確保できているか
- 天井断熱の場合……天井下地と断熱材に隙間はないか

天井裏に敷かれた断熱材

プロ施主インタビュー②

納得するまでサインしてはいけません

契約破棄の経緯とその理由

市村　M本さんは最初、ハウスメーカーの検討から入ったんでしたよね？

M本　そうですね。私もやはり最初は展示場に行って、実物を見て気に入ったものを抽出するほうが間違いがないと思ったんですよね。実は姉がちょっと家づくりにこだわりのある人で、工務店レベルの会社で家を建てていたんです。コーディネートや宅建の資格も取って、自分の好みの工務店さんを探して家を建てた人で、姉からは、大手にこだわらないで工務店さんのほうがいろいろ要望を聞いてくれるという話だったんですよ。

ただ、やはり地域の工務店さんだったので、設計力といった面では不満が多かったらしく、姉がかなり口出しをして、それが相当疲れたらしい。そういう話も聞いていたので、展示場にある大手さんのほうが楽で、保証面もしっかりしていると思ったんです。

最初は外観が気に入ったハウスメーカー、もう一つ、ちょっとご縁があって会社の上のほうの人を知っていたハウスメーカーの二つからスタートしました。

市村　営業マンと接してどんな感想を持ちました？

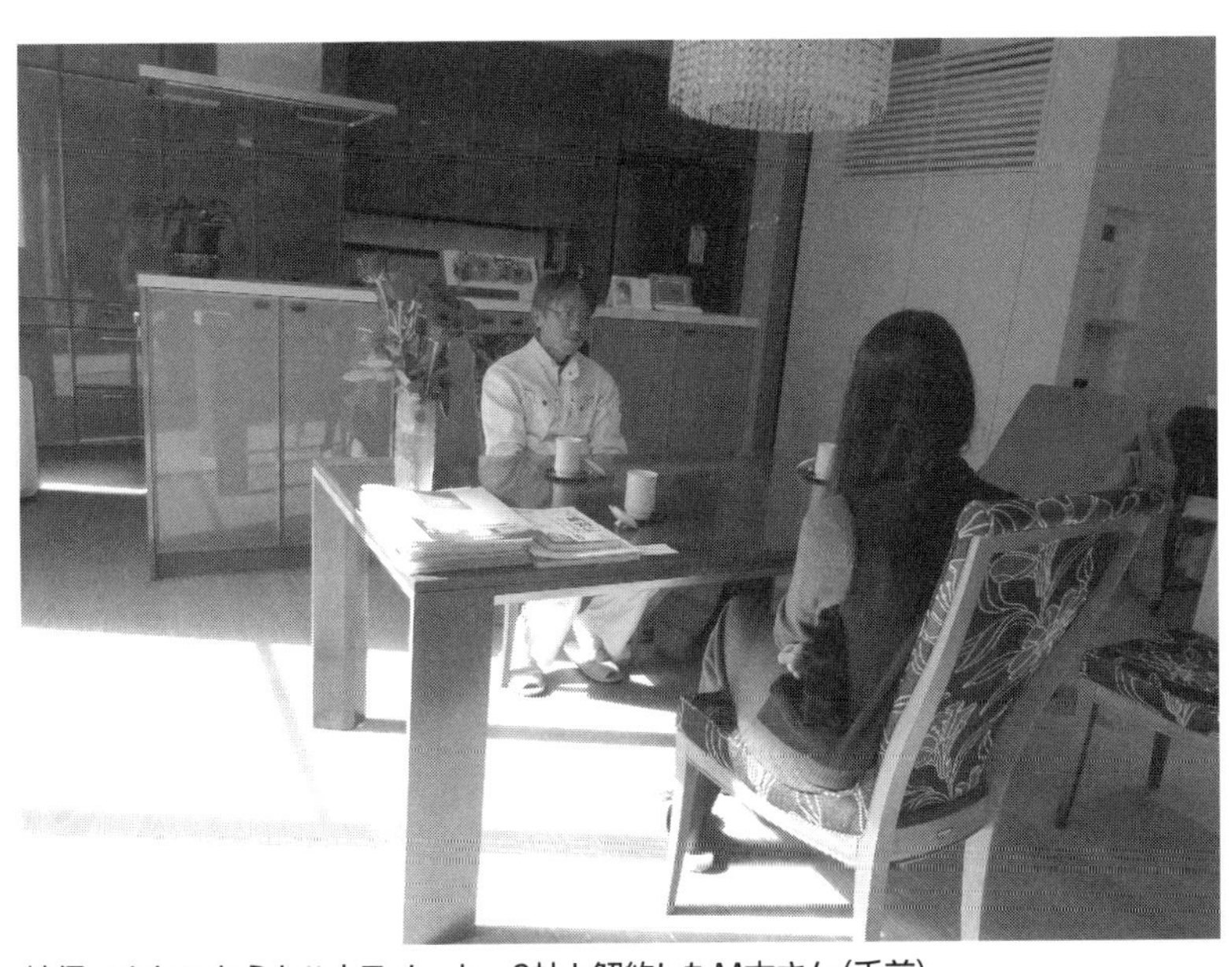
納得できないからとハウスメーカー2社と解約したM本さん（手前）

M本　ご縁があったハウスメーカーさんのほうは、上の方からの指示で優秀な営業マンと設計をあてがってくれると思って安心していました。ただ、それがそうでもなくて……。

市村　会社の偉い方々で現場のことを何も知らない人は結構いますからね。

M本　その失敗があったので、今度こそは……と思って、SNSで「良い営業マンを紹介しますよ」というのにハマってしまったんです。ただ、そこで紹介された人は、会社にとっては契約数を取ってくる良い営業マンだったんでしょうけど、私たちにとっては良い営業マンではなかった。つまり悪く言えば、あくどいことをして契約を積み重ねているだけで、それはこちらにとっては良い営業マンではないですよね。

市村　SNSで「家づくりの成功の秘訣は良い営業マンです。私が紹介します」とやっている人たちが何人かいますが、結局その人たちは、各メーカーの営業マンとくっついていて、紹介するとフィーが入るんです。いわばマッチングカウンターの個人版。所長だから優秀というわけではない。

市村 最初に話をしたご縁のあったハウスメーカーさんとの話はどの辺までいっていたんですか。契約直前ぐらいまで？

M本 ○○ハウスとは契約したんですよ（笑）。普通なら一度契約して破棄したら着手金が戻ってこないとか時間の問題もありますから、契約破棄をしたくてもめげちゃうと思うんです。私の場合は契約破棄を二度ですから、レアケースなんでしょうね（笑）。

市村 そういう人はいることはいますが、多くはないですよね。

M本 ○○ハウスの時は、契約の前と後で家の設計図の面積が20㎡も違って、そこを問い詰めると「ちょっと大きいかなと思って」と、いい加減な返事だったり、ちょっと納得できないことがあって、上層部の人からの紹介だったので、主人がその人に訴えて認められたので、比較的スムーズに契約破棄ができました。もう一つ△△ホームさんとも契約して破棄しているんですが、契約した時の前後で話が違ったりして。

例えば、ツーバイフォーは梁が出っ張ってしまうので、普通にやると梁が室内に下がってマンションみたいな感じになるわけですね。それを隠すようにしますと言っていたんですよ。「大丈夫です、取り払えると思います」と言うので契約したら、「ちょっと出ちゃいそうなんです」と。他にもそういうことがあって揉めるかなと思いましたが、その時にはもう市村先生に相談させて頂き、間に入ってもらって比較的スムーズに契約破棄ができたんです。それがなかったら、相当ハードルが高いと思いますね。

市村　普通なら諦めてしまうかもしれませんね。

M本　以前、主人の土地の売買に絡む件があった時、私もデベロッパーさんなどとの打ち合わせに参加して、何社か掛け持ち交渉をしていた経験も生きたかもしれません。契約破棄は難しいものだけど、決してできないものではないというのが頭の片隅にありました。それと、市村先生はもちろんですが、主人の顧問弁護士など周囲のブレーンに恵まれたのも大きいです。ただ、普通は契約しちゃったら何か問題があっても時間やお金の問題もあるし、しょうがないかとなってしまう方が多いのはわかりますね。

その500万円の違いは何？

市村　契約した前と後で、こんなに人間変わるんだと思いませんでした？

M本　それはありますね。営業マンさんがあまり連絡してこなくなって、設計士さんにお任せだったり、家の内部をどうするか、いろんなことを決めていくのに、とにかく時間が急かされるんです。

　それと、私は家の細かいところを、いろんなものを見てゆっくり選びたかったし、「はい、この中から選んで」という感じだったのにびっくりしました。この中から選んでということであるなら、それは契約前に言って欲しかったんですよ。向こうとしては、「他のものも選べますけど、これだけお金がかかります」ということなんですね。結局、大手はどこもこういう感じだと思うので、こだわりの家を建てたい場合は、大手はやめた方がいいということなんでしょうね。向こうからしたら、そうしないと時間もかかるし、生産性が悪い。私のようにここはこうしたい、あそこはああしたいという人には向いていないということですね。

市村　そうですね。ハウスメーカーの場合はどうしても一定の規格商品を売っていますから、概ねその仕様でいいから任せたよ、という人にはいいんですが、自分のこだわりを持っていて、それを一緒になって知恵を絞って実現して欲しいという人には向いていないかもしれませんね。そして結局、M本さんは大手ハウスメーカーをやめて、工務店さんで建てることになったわけですね。

M本　ハウスメーカーを検討した経験から言えることは、モデルルームを見に行ってこんな家にしたいと思っても、オシャレな収納やキッチン、書斎や飾り棚なんかはすべて造作で、それと同じ家にしようと思ったら、2～3億かかるものもあるということ。そこまでのものは求めず、標準仕様で選んでいけば費用も抑えられて、お得感もありますが、私はこれがいいと、あまり扱わないメーカーのものを選んだら、その途端、一気に高くなる可能性がありま す。だから、こだわりがある人は確認しておきたい点が二つあると思います。

一つは、図面や間取りも考えると同時に、各ハウスメーカーの割安で選べるドア、床材、外壁材が自分の好みと合いそうかという点。二つめは、もし他のメーカーやブランドに変更したい場合に、どのくらい高くなるのかという点。

ただ、どこのハウスメーカーもこれらは契約後に決めていくことなので聞いたとしても面倒臭がる営業マンもいるでしょう。しかも、同じ間取りに同じ標準外のタイルを使うのに、私が検討した2社のハウスメーカーは500万円もの差がありました。利幅や割引率の違いなど色々な要因はあるとは思いますが、間取りだけ決まった段階で契約をしてしまう

家具やインテリアへのこだわりとセンスの良さがわかる

と、その後、びっくりするほど予算がかさむことがあり得るということですね。

あと、見積書で細工があった会社もありましたから、これも要注意です。予算内に収まってるなと思っていたのが、よく見るとある部分が「マイナス145万円」となっているわけですよ。これまさか補助金のこと？　と思って聞いたら「そうです」と。その時点で補助金が出るかどうかはわからないし、よく調べると、補助金を受けるには一定の基準をクリアしなければいけなくて、お金もかかるのに、それを前提に見積書ができている。普通は総額だけ見る人が多いですが、見積書は細かくチェックしたほうがいいですね。

市村　それに気づく人はあまりいませんね。結局、バタバタと決定を急かされ、後で話が違っても融通が利かないハウスメーカーに比べると工務店は融通が利くと？

M本　そうですね。その会社のルーティーンに乗せられて決めていかなければならないといったことが少なく、融通が利くことが多いので、その点は大きなアドバンテージになるかもしれません。
　私も思っていたように、大手ハウスメーカーのほうが保証期間も長くてブランド力もあるから安心できそう、というのは妄想と言ってもいいかもしれません。結局、無料点検で不具合が見つかり補修が必要になった場合、そのハウスメーカーで施工しなければ、保証はその時点で終了ですからね。

そもそもハウスメーカーでは無理だった？

M本　でも、私のイメージだと工務店さんって、全部その会社でやってくれるイメージだったんですけど、ここの工務店さんは基本外注だそうです。
市村　ハウスメーカーも工務店も基本は外注ですね。ただ、大工工務店さんという大工さんが社長だったりして、自社施工というところもあります。大手ハウスメーカーと工務店さんで打ち合わせの進め方に違いはありましたか？
M本　特になかったと思います。
市村　私が思うには、大手ハウスメーカーと工務店ではスピード感が違うと思うんですよ。例えば変更した見積もりが出てくるスピードとか「これって何ですか？」と言ったときに、返ってくるスピードが違うんじゃないかなと。
M本　それはありますね。マンパワーが違うということか。大手ならその場で他の人に振って調べさせてっていうことができるから、確かに早かったかも知れないですね。ただ、最後に検討した△△ホームは、変更をお願いして出てきた図面が直っていないんですよ。それで「ここ間違っています」と言っても、また出てきたものが違うところが直っていない（笑）。

市村　まあ、いろんな営業マンを見てきましたけど、この人は本当に優秀だなって思ったのは10年間で10人もいない（笑）。

M本　それは市村先生のレベルが高いから（笑）。結局ハウスメーカーは4社検討して、いいなと思ったところもあったんですけど、そこはツーバイの箱の部分と基礎の連結強度に問題があるという話を聞いて、外観も内部の感じも値段的にもいい感じだったんですけど、それは構造にお金をかけていないからだという結論で、やめたりしましたね。

市村　あそこはスペック的に普通の工務店と同レベルなイメージです。他の大手はもっと上を今目指しているわけですけど。でも、そういうところまで調べてちゃんと判断をしている人はなかなかいませんね。M本さんは「プロ施主」と言っていいと思います。

M本　初めは他社の営業マンから「あそこは結構もろいですよ」と聞いて、それは受注をとりたいがための営業トークかなとも思ったんですが、別の会社からも同じような話があって、もろさの数値も合致していたので、信じたんです。

市村　M本さんの場合はやっぱり、こういう家作りをしたいというものが、大手ハウスメーカーでは無理だったんですよね。それがわかっていれば回り道をしなくて済んだかもしれませんね。

M本　そうですね、もっといろいろ見て視野を広げておけばよかったかもしれません。それと姉から設計事務所がいいとも言われたんですけど、保証のこととか建築物は大丈夫なのかなとか、工務店さんも実体がよくわからないじゃないですか。最初から市村先生みたいな方を知ってればもっと賢く選べたと思うんですけど、そもそも先生を知ったのはハウスメーカーのどうしようもない営業マンの方からでしたから（笑）。

市村　設計事務所もひどいところはもう最悪ですからね。有名どころでも建築を知らないから設計もデタラメ、現場の監理もできないのでトラブルばかりというところもありますから。

良かったのは下請けの大工さん

市村　紆余曲折を経て結局、工務店さんで建てられたわけですが、どうでしたか？

M本　契約破棄を2社もやった後だったので疲労感が強くて、工務店さんの時は市村先生が付いていてくれる安心感もあって気が抜けてしまったところも正直、ありました。工務店さんの場合は、営業マンさんや設計士さんというより、市村先生がおっしゃるように下請けに恵まれているというか、大工さんがすごくいい仕事をしてくれた印象です。だから建物自体には満足できました。

ただ、もともとが建売が評判になって注文住宅に参入してきた会社だからか、仕事の進め方が建売的というか、これがよかろうみたいな感じで進めていく感じでした。だから、私みたいにこだわりがあって、それなりにリクエストもする客は、思うようには進められないと、途中で気づいたと思うんです。

　おそらく私は他のお客さんよりも打ち合わせの回数が多かったたし、工務店さんとしては一生懸命やってます、ということだったと思いますが、声を上げた数だけそれを反映してくれたかと言ったら、そうでもないことも結構ありましたし、初歩的なミスもありました。ただ、さっき言ったように大工さんの質はいいですし、途中で電気工事の方に聞いたら、壁の厚みがあるから結構大変なんですとかいう話を聞きましたから、建物自体はいいんだとわかりました。

市村　打合わせで３Ｄのパースがないのが結構きついなと思います。こっちから見たらこう、あっちから見たらこう見えるというのがなかったのが結構きつかったですね。

M本　３Ｄが欲しいとは言ったんですが、時間とお金がかかると。それがあったら結構ミスを防げていると思います。特に窓ですね。

だから他の施主さんに何かアドバイスをと言われたら、３Ｄ確認したほうがいいということ。私もそれなりに立体的に考えを巡らしたつもりだったんですが、特に窓の位置が……。お風呂の展開図がなかったことによって、窓のサイズは合っていても高さが違ったんです。お風呂に入ったら浴槽からすぐ横に窓があるというのにこだわっていたんですが、窓

ルーバーの位置を工夫したエアコン

が高いところにいっちゃった。リビングの上の窓も、窓枠とリビングボードのところに隙間ができないギリギリまで攻めて欲しかったので図面から計算して、窓の下に壁ができちゃいそうだと設計者に2回言ったんですけど、「結構ギリギリですよ。枠いっぱいになっていますから」と。でも、やはり6〜7㎝空いてしまって、下の壁が見えているんですね。

あとはエアコンを隠すためにルーバーを設置したんですが、これが邪魔して室内が全く冷えないとか、いろいろ問題はありました。

これから建てる人へのアドバイス

市村 本当にいろいろ勉強されているなと思いますが、その知識は主にどんなところから?

M崎 やはりインターネットを見ていました。検索ですね。ただ、それも途中からで、最初は住宅展示場にあるような会社なら安心だと思っていたんですけど、よく考えたら大手でも結構潰れてしまった会社もあるし、工務店さんだと良質な家を作ってもらえるか不安というのも、実際やってみたら大手でも同じことだということに気づきました。

何よりも市村先生に言われて、確かに的を射ているなと思ったのは、「どんなに性能の優れた建材を使ったとしても、それを施工する人に技術がなければ無用のものになってしまう」という言葉。これは一番説得力がありました。やっぱりインスペクションを入れなきゃダメですよね。

市村 お互いを相互監視できるように、建てたい人

（建て主）にも勉強してもらって、第三者（インスペクター）ももっと勉強し、建てる人（住宅会社）はもっともっと勉強して、良い家づくりをしていって欲しいなと思いますけどね。

でも、いろんな経験されて、やはり契約前にある程度きちんと決まっていない段階で印鑑を押さないほうがいいということですよね。

M本　本当にそうですね。一番してはいけないことですよね。

市村　契約直前にちょっと待てよ、と思う人はまだいいけど、契約してしまってから「あれっ？　話が違うぞ」と、私たちのところに駆け込んでこられる方は多いですから。

M本　私も似たようなものかもしれないな（笑）。

市村　最後にプロ施主として、アドバイスを読者の皆さんにぜひ。

M本　色んな失敗をした経験から言えることですが、言葉の齟齬は絶対に起こりますから、打ち合わせ時にはメーカー側の議事録にサインしてＯＫではなく、リクエストが漏れていたら再記録をお願いする。また、リクエストしたい内容を自分でノートにまとめておき、メーカー側にもサインをもらうのもいいと思います。竣工後に言った言わないで揉めることがあった際には証拠が必要ですから。

それと、図面（平面、立体）や見積りチェックも忘れずに。図面にリクエストしたのに反映されてなかったり、勝手に書き変えられていたこともありました。とにかく、すべてに目を通して疑問に思ったことは躊躇せずに聞いてクリアにということが大事です。

さらに言えば、家の方に注力してしまって、エクステリア（外構）にまでお金が残らなくなるケースがあるようです。少しでも見映えにこだわるなら予算を取っておいて門扉、水栓、土間、アプローチ床、階段とデザインや商品選びもこだわって家づくりを楽しんでいただきたいですね。

１００％理想の家づくりは何度も経験しないと難しいことだと思いますが、満足のいく家づくりは施主側も積極的に学習することで叶うと思います。ただし、情報の中には勧誘まがいのものがあったりします。いろんな施主さんの苦い経験を知ることでそのリスクに当たる率を低くできると思いますので、是非市村先生の本を手に取ってみて下さいということですね。

市村　拙著の宣伝までしていただき、ありがとうございました。

PART 09

外装仕上げ①

防水——水の浸入を防ぐ透湿防水シートに注目！

■屋根仕上げ

内部工事と同時に進んでいく外部工事ですが、まずは屋根工事です。主に専門業者によって工事をします。

屋根の種類はいくつかあります。名称を覚えておきましょう。

最近都内では少なくなりましたが昔ながらの瓦、現在メインで流通するスレート、その他はガルバリウム鋼板などの材料も採用されています。

屋根形状は寄棟、切妻などいくつかあります。今は住宅模型やパースを作成してくれる住宅会社も多いので、イメージが湧きにくい方はビジュアルで見るとわかりやすいです。

当然、シンプルな形状の方が施工はしやすく、雨漏れ事故の発生も低減できます。切妻、寄棟は施工しやすく雨漏れが少ない形状ですが、屋根勾配によっては仕上げ材の面積が変わり、金額がアップします。

例えば同じ形状で同じ屋根材料を使っても、図3のように勾配が違えば、施工面積が変わってくる＝金額相違が出てくるわけです。

瓦が葺かれた屋根

なお最近では、デザイン重視の傾向から軒の出が

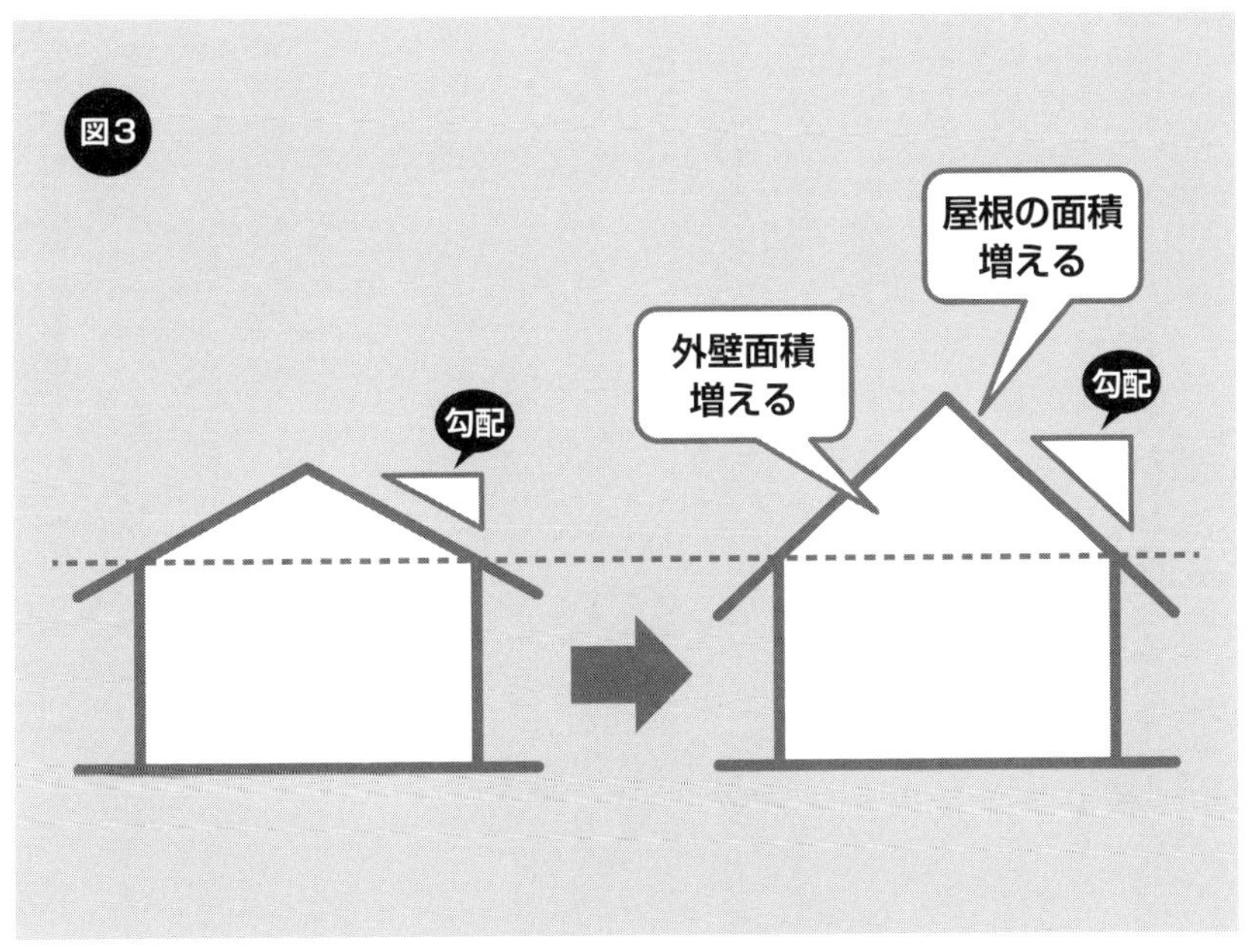

ほとんどない「軒ゼロ」案件を多く見かけますが、雨漏れのリスクはかなり上がりますから要注意です。

軒ゼロの場合は、先行して防水紙を施工する必要がある

プロ施主チェック!【屋根施工】

●指定の屋根材料、色で葺かれていて、勾配は設計図書通りか
●雪止め金物などは計画通りに施工されているか
●屋根材料にひび割れや欠けがないか

屋根の雪止め金具の設置状況

■防水紙

ここでは、雨水の浸入を防ぐため木造住宅の外壁に多く使用される透湿防水シートを一例として解説します。

この材料は、現場で「タイベック」とか「防水紙」などと呼ばれますが、その名の通り「紙」のように薄い材料ですので、破損しやすいのが施工上の注意点です。

特徴としては、内側の湿気は外に逃がすが、外部からの水はシャットアウトするという代物です(完全にシャットアウトするわけではないですが)。基本的な貼り方は、水下から水上へ重ねて貼っていきま

す。図4がイメージしやすいと思います。
透湿防水シートの固定には、ホッチキスのような

防水紙を貼った直後の様子

透湿防水シートの穴に注意

「ステープル」というもので、留めていきますが、当然に穴開けが伴いますので、極力打ち付ける数を減らしたいものです。また、狭小地で施工がしづらかったり、材料を粗雑に扱う職人さんなどは、写真のように穴を開けてしまったりします。

プロ施主チェック！【透湿防水シート施工】

- 全体的に、破損やしわ、たるみなく貼ってあるか
- 水下から水上に貼り上げてあるか

透湿防水シートとその上に打ち付けられた胴縁

現在の低層住宅では、壁の中に入ってくる湿気を外に放出する「外壁通気工法」が主流です。ですから、内側（建物内部）の湿気を外に放出し、外部からの水は遮断する特性を持っている透湿防水シートを外壁の下

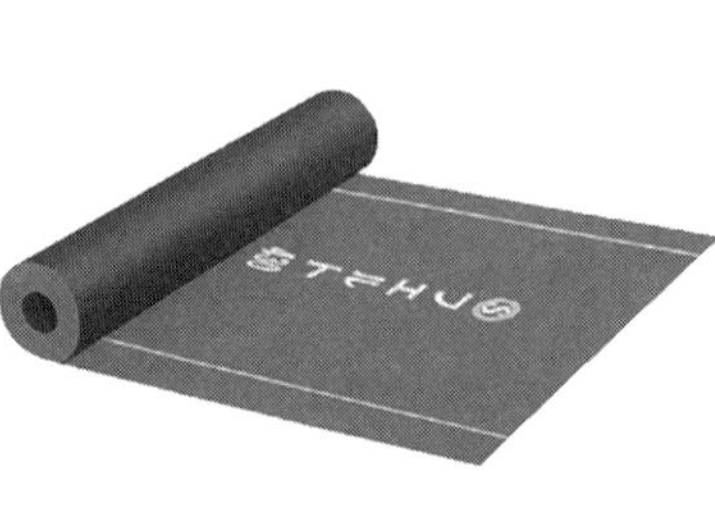

に貼り、通気層を通して湿気を外に出します。

通気の取り方は胴縁（どうぶち）という材料を打ち付け、その上から外壁仕上げ材を施工することで、胴縁の厚み分の隙間（通気層）を確保する考え方です。

なお、外壁通気を取らない場合（湿式の外壁仕上げ等）には、防水材料としてアスファルトフェルト（前ページ写真）を使います。

胴縁工事のチェックポイントは次のようになります。

プロ施主チェック！【胴縁工事】

- 指定された厚みであるか
- 固定に使用する釘は、外壁の仕上げ材に準じているか
- 通気（空気が通る）経路は30㎜以上確保されているか

実は、雨漏れは皆さんが想像する以上に発生しています。瑕疵保険会社の保険金支払いの内訳をみると、実に9割は雨漏れ事故というのが現実です（ただし、構造の欠陥が発覚するのは、ある程度の経年後、リフォームの時、地震被害を受けた時などに多いことも、雨漏れに関する保険金支払いが比率として大きくなる理由と思われます）。

■貫通部

防水紙の施工では他にも注意箇所があります。代表的なものは貫通部の処理です。換気扇など、外壁に穴をあける部分は特に雨漏れしやすいので正しい

保険発生事故の原因割合（国土交通省HPより）

保険金支払が完了した事故の部位は、雨水の浸入を防止する部分が大部分を占め、その割合は、1号保険および新築2号で9割、2号保険（新築2号保険除く）で8割。

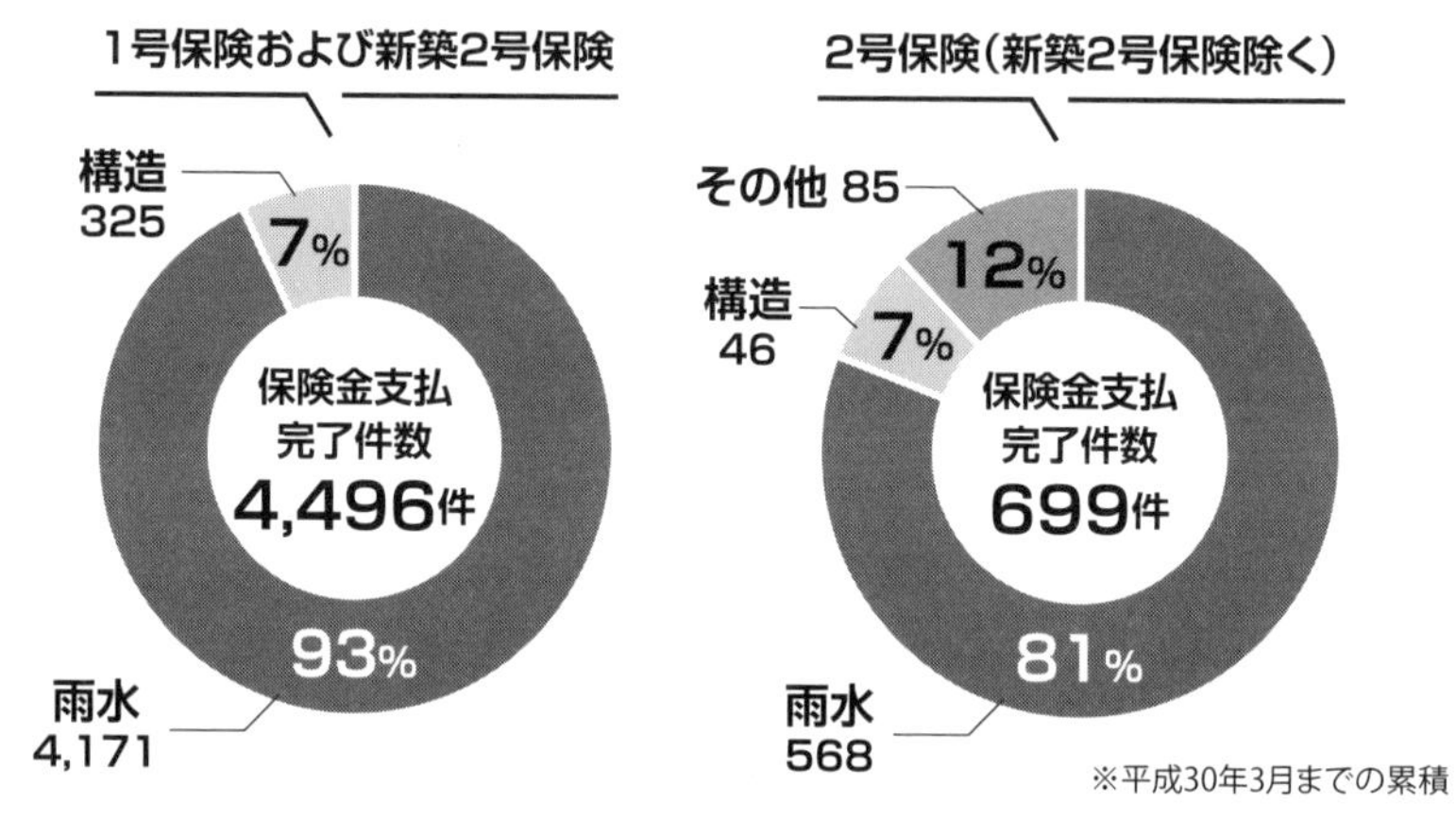

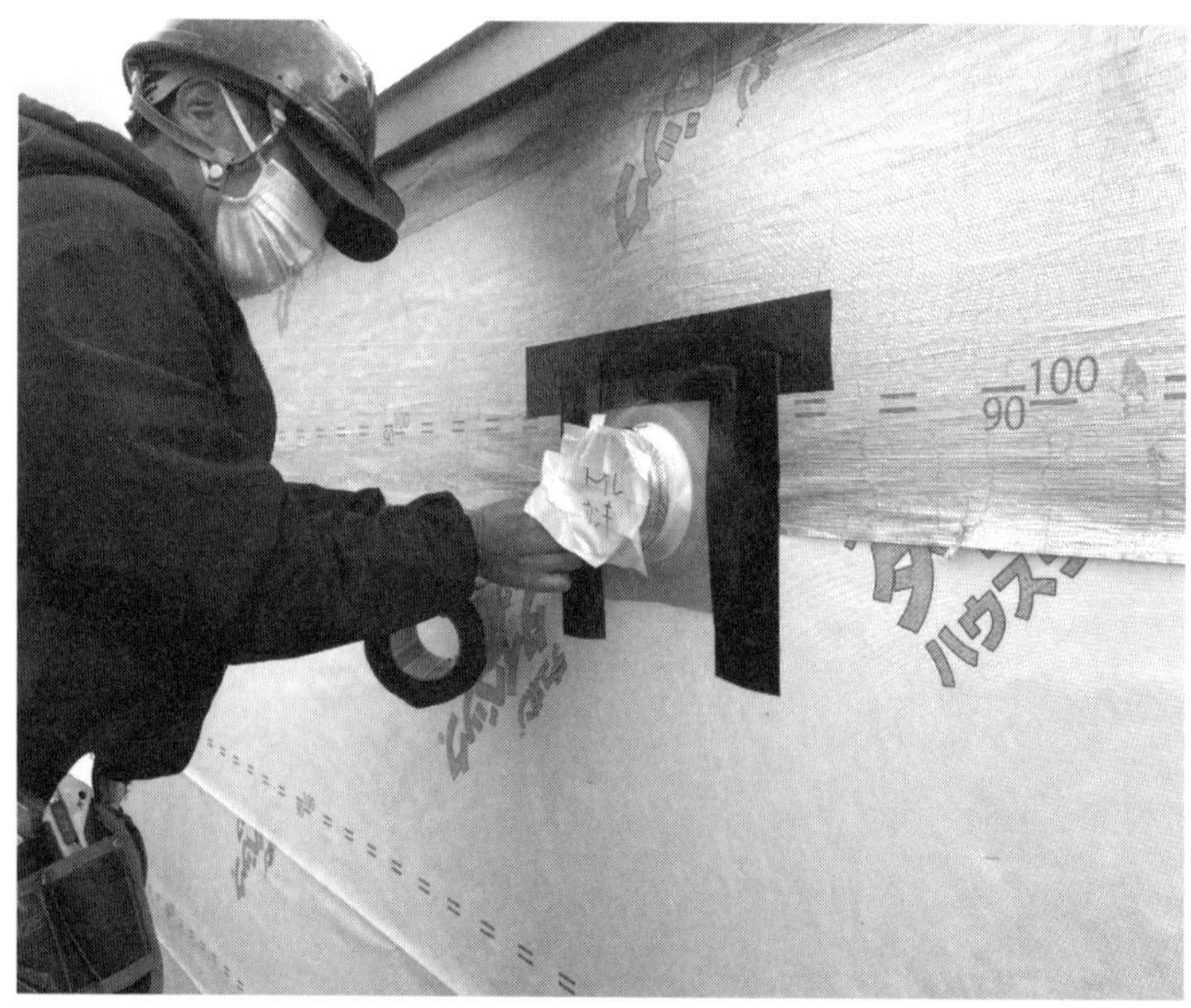
換気扇の通気口など外壁に穴を開けるものは要注意

施工がマストです。

現在では、役物（やくもの）といって防水部材が各メーカーから発売されています。このような材料を使用すると職人の腕に左右されず品質を保った貫通処理ができます。

基本的には防水テープで止水をしますが、「単に貼ればいいでしょ」という現場が非常に多いのが残念です。例えば下の写真のように配線周りに隙間があると、こういった部分から雨漏れしてしまいます。プロ施主であれば、まずは貫通部を押さえておくことが重要です。

プロ施主チェック!【外壁防水】

- 防水テープは隙間なく、きちんと密着しているか。役物部材の使用がお勧め
- 万が一の浸水に備え、外に向かって水勾配が確保されているか

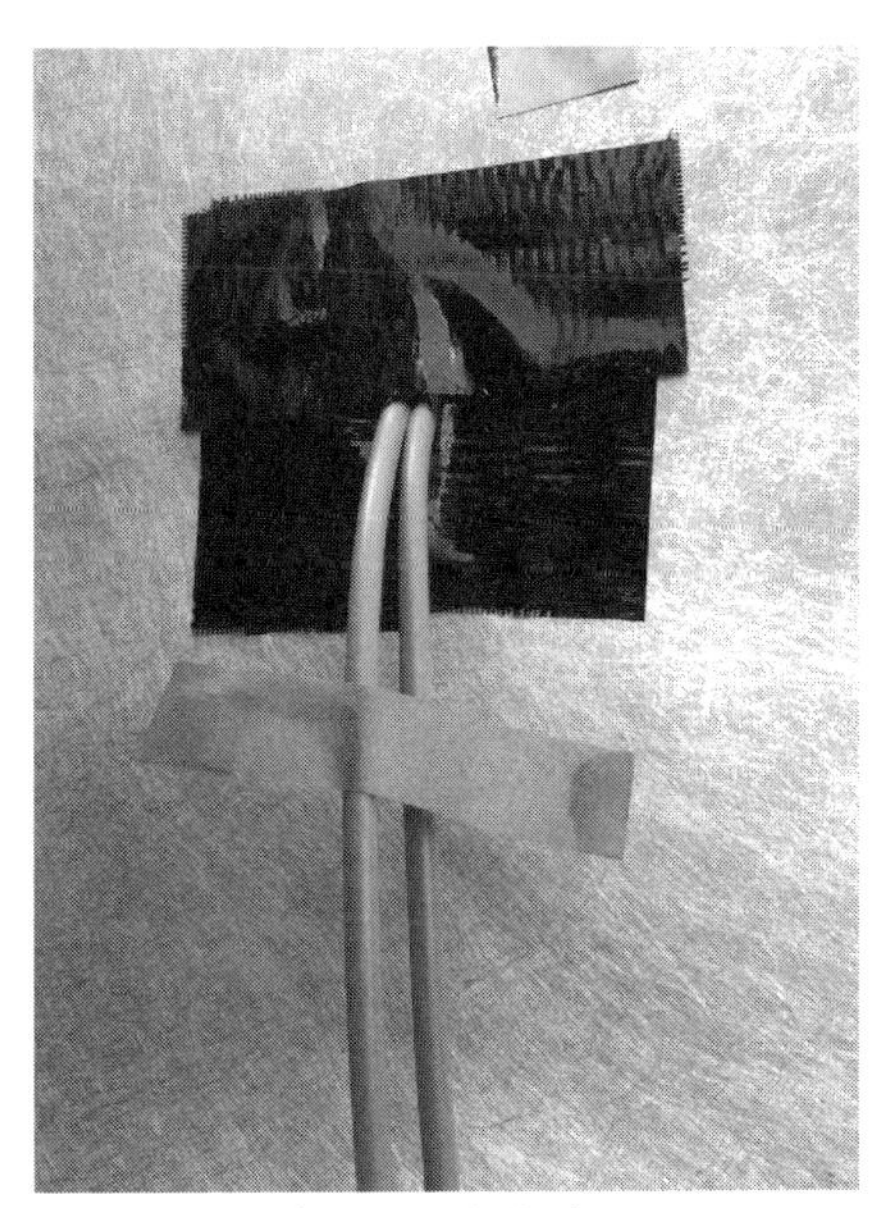

配線まわりにピンホール(穴)がある

PART 10

外壁タイル、左官工事

外装仕上げ②

■外装仕上げ

外部工事は外装業者が工事を進めていきます。足場の施工状況によって作業効率が大きく変わり、「作業がしづらい箇所」にミスが起きやすいのが特徴です。また足場がある状態だと全体的な仕上がりが見づらいため、足場が撤去された後に見ると仕上がりにびっくりするといったケースもあります。写真は、足場撤去後に撮影したものですが、外壁が平滑に仕上がっているはずが……。

壁をコテで塗り仕上げていく「左官仕上げ」は、職人個人のスキルに大きく影響されます。さらに近年の職人不足の影響もありますから、契約前にきちんと「どのような仕上がりになるのか」を確認・約束しておくことが重要です。

外壁仕上げ材には、モルタルや漆喰といったものから、サイディングやガルバリウム鋼板・タイルや石貼りなど多種多様にあります。

どの外壁仕上げにも共通しているのは、種類違い、色間違いというケースがよくあることです。そもそも図面が違うのか？　職人が図面をよく見ていないのか？　どちらにせよ、外壁工事に取り掛かる前に仕様確認をしておくのが無難です。

プロ施主チェック！【外装仕上げ】

- 外壁の仕様（メーカー、品番、色など）を事前に確認する
- 特に貼り分けがある場合には範囲、目地種類と色も確認する
- 併せて、外部にとりつく部材（樋、ベントキャップ、電気メーターなど）も確認できればなお良し

■樋・金物

外壁が完了すると、今度は金物工事。雨樋の設置や設備部材の取り付けなどに取り掛かります。

樋はデンデンという支持部材で外壁に固定しますが、ピッチ（固定間隔）が決まっていますから、マニュアルに目を通しておきましょう。また、デンデンは外壁に穴をあけて固定しますから、そこからの漏水を防ぐためにコーキングで止水処理がされているかをチェックしてください。

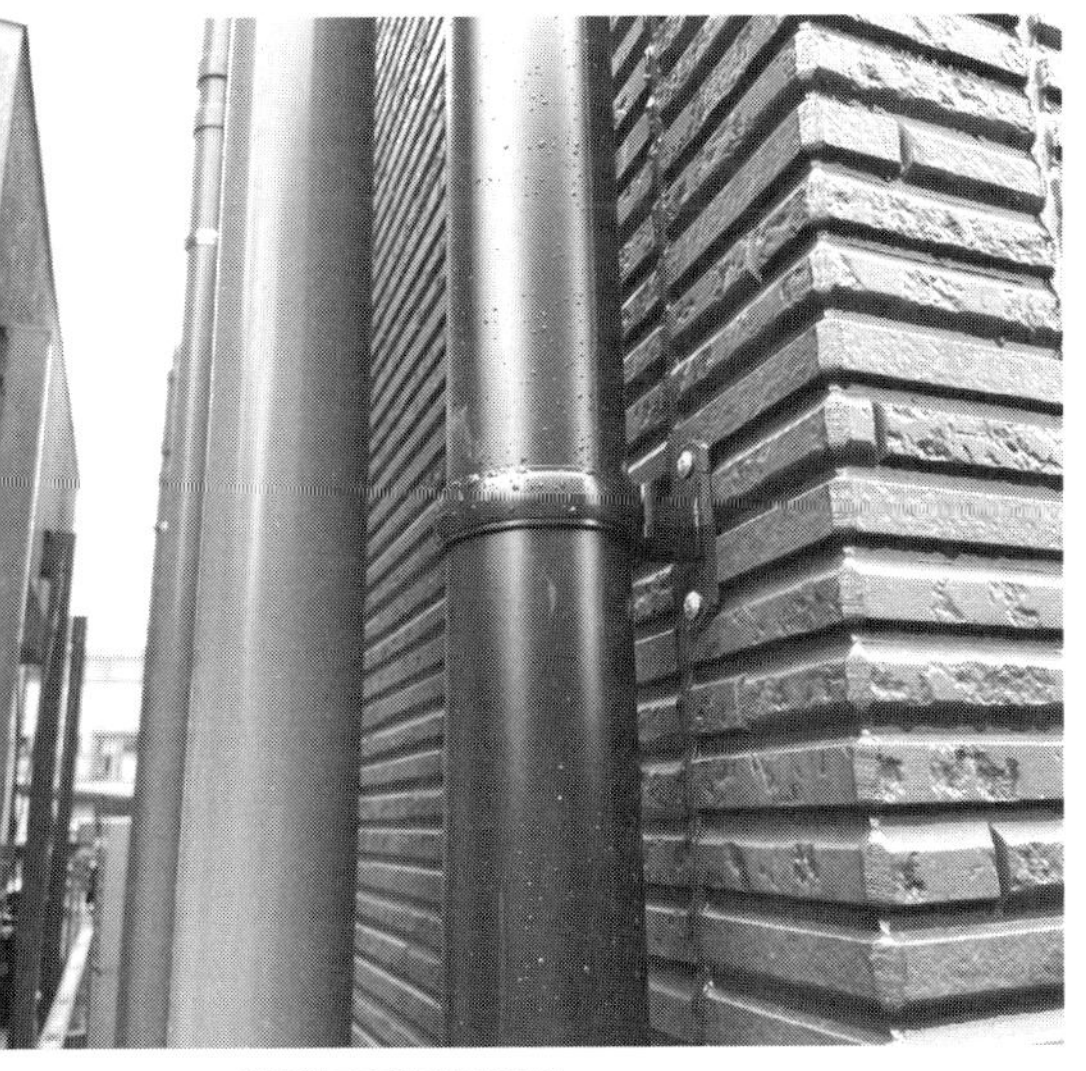

外壁に雨樋を設置

樹脂製の「落葉よけネット」で落ち葉・その他のゴミから雨といを守ります。

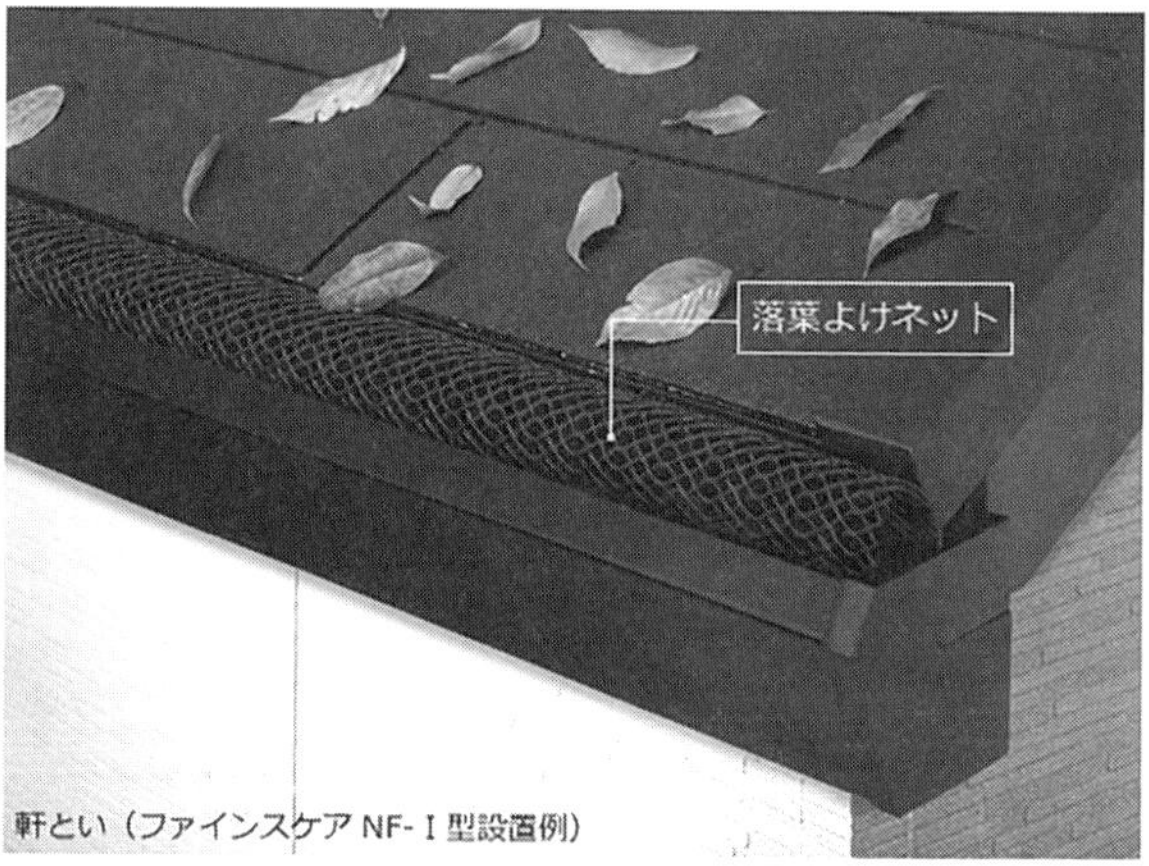

落葉よけネット

軒とい（ファインスケア NF-Ⅰ型設置例）

パナソニックHPより

雨樋の関連部材で、詰まり防止に使われる「落ち葉よけ」というネットがありますが、これの設置忘れをしている（そもそも計画にない場合を除く）ケースがあります。この機会を逃すと樋を上から覗ける機会はめったにありませんので確認しておきます。

なお、足場が外れると高所は手が届かなくなるため、サッシなどの養生外し・設備器具の設置・外部クリーニングが実施され、外部の仕上げが完了しているかをチェックします。

プロ施主チェック！【外部仕上げ】

- 雨樋の固定状況は適切かどうか
- 残っている工事や作業はなく、外部クリーニングも完了しているかを確認

PART 11

指摘多数の床・壁仕上げ

配線、仕上げ工事

■**配線打合せ**

内部工事がある程度進んだ段階で、多くの工務店は現地打合せを実施します。

打合せの呼び方は、「配線打合せ」や「中間確認」など様々ですが、主に電気関係の最終確認イベントです。打合せと言っても、このタイミングでは「変更はできません。あくまでも確認作業です」というスタンスをとる会社が多いので、原則は契約時点での計画ＦＩＸであるのは間違いないでしょう。

施主の皆さんは、設計士やインテリアコーディネーターと図面上でコンセントの位置など決定していきますが、一般の人は平面だとイメージがしにくく「スイッチの位置はここじゃない！」というケースをしばしば見かけます。そのようなことをなくすために、現場で電気関係の最終確認をするのが一番の目的です。

また、キッチンの仕様や壁紙など、それまでの打合せで決定することは多岐にわたり、しかも決定してから相当な時間が経過しているために、忘れてしまっている（または勝手な思い込みが生じる）ケースも多いのが実情です。図面上の品番と現場で行う作業の整合性を取っておくのが理想的です。

主なチェックポイントを次に列挙しますので、参考にしてください。

プロ施主チェック！【内部配線】

- 衛生設備の仕様品番を確認する
- 仕上げ材（床・壁・天井）の仕様品番を確認する
- 扉の開き勝手を確認する
- スイッチやコンセントの位置、高さを確認する。その際には家具配置をイメージする

- 吸気口やガラリなど、仕上げ面に設置する部材の位置や種類を確認する
- 電気の契約アンペア数を確認する

■床施工

床を先に施工するか、先に壁や天井に石膏ボードを施工するかは、会社によって異なりますが、ここでは床先行の流れで解説します。

床材はフローリングが採用されることが多いですが、複合フローリング、無垢フローリングなど種類は様々で、金額もかなりばらつきがあります。

床面の清掃のあと、目印の墨出しをしてフローリングを貼っていきます。施工が完了したら養生材を敷いて床養生を実施し、傷や汚れが付かないように配慮します。養生をせずに作業を進めていくのは傷がつきやすいため、写真のような状態で作業をしている場合には申し送りが必要です。

特に、床暖房がある場合には、フローリングの下

フローリングを敷いたまま養生せずに作業を進めている現場

に床暖房のマットを設備業者が敷き込みます。そうした時に配管を傷つけると漏水し、後で修繕が大変ですから工程ごとの十分な注意と養生が必要です。

部屋は真四角ではありませんから、墨出しを怠り、部屋の片方から割付を考えずに貼っていくと、壁とフローリングの目地が平行にならないこともあります。大工さんが割付調整して施工すればいいのですが、いきなり貼っていくような大工さんが時々いて、目地幅違いを見かけることもあります。

床施工完了直後の床は養生材に覆われ、傷のチェックなど細かい検査はできません。作業中または作業完了後には、次の項目を確認しておきましょう。

プロ施主チェック！【床施工】

- 指定された品番か確認する。また貼る方向が設計図書と合致しているかも確認する
- 養生が実施されているか確認する

■石膏ボード

壁や天井には、不燃材料の石膏ボードを貼っていきます。石膏ボードとは石膏をボード紙で包んだ材料のことです。

主に低層住宅で使用される石膏ボードの厚みは9・5㎜、12・5㎜、15㎜など。当然、設計図に指定された厚みの材料を施工しているはずですから、まずは厚みの確認が必要です。

石膏ボードはビスで柱などに留め付けますが、現在では作業効率のいいビス打ち機を使って施工する大工さんが大半です。

使用するビスの種類、長さも決まっており、ビス

壁と天井に貼られた石膏ボード

留めする間隔も管理項目の一つになります。特に「耐火建築物」や「準耐火建築物」、「省令準耐火建築物」などはビス固定の間隔が定められていますから、時間はかかりますがチェックしたい項目になります。ぞんざいにビスを打つ大工さんの場合、指摘箇所が多くなるのは当然です。

また、ビスの施工管理では「埋め込み深さ」も要チェックとなります。前述の通り、石膏ボードはボード紙で包んだ製品で、表のボ

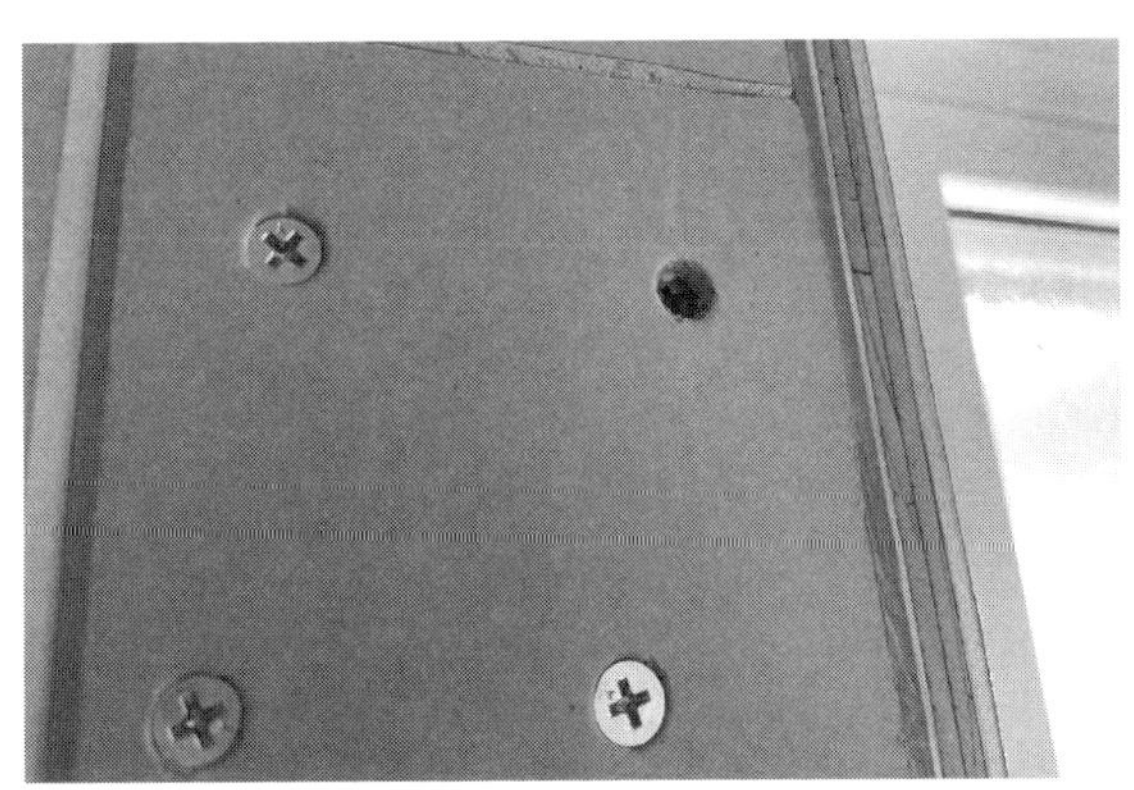

ビス打ちされた石膏ボード。埋め込み不良もよく散見される

ード紙が破損すると耐力が減少してしまいます。打ち込み過ぎのボードビスがあった場合には、増し打ちの指示が必要です。

【壁・天井の石膏ボード】

プロ施主チェック！

- 石膏ボードの規格は設計図書通りか
- 石膏ボードを固定する留め具（ビス）の種類と長さ、間隔や打ち込み深さを確認する

石膏ボードはかなりの重量です。天井面に貼るのは強固な下地があってこそで、不安定な下地に固定をしていたら、天井崩落の危険も懸念されますから「きちんとした天井下地に留まっているか」が重要です。

石膏ボード同士の継ぎ目が目立たないように千鳥に貼る住宅会社さんが一般的です。天井の照明計画がダウンライトなら問題ないですが、シーリングライトなどで天井面を明るく照らす場合には不陸（ふりく）が目立ちますから、施工前に貼り方を確認しておくのが好ましいです。次ページの写真が千鳥貼りの例で、互い違いに貼って継ぎ目をずらしているのがわかりますね。

施工のチェックポイントは壁と同様ですが、特に多いのがダウンライトと天井下地の干渉です。

せっかく強固に組んだ天井下地を写真のように切断してしまっては元も子もないですから、しっかりと確認しておきましょう。よって、石膏ボードのチェックは「設備業者のボード開口（穴開け）後」に行いたいものです。

プロ施主チェック！

【石膏ボードと設備の干渉】

● ボードの施工状態以外に、ダウンライトやスイッチなど設備の位置が計画通りか確認する

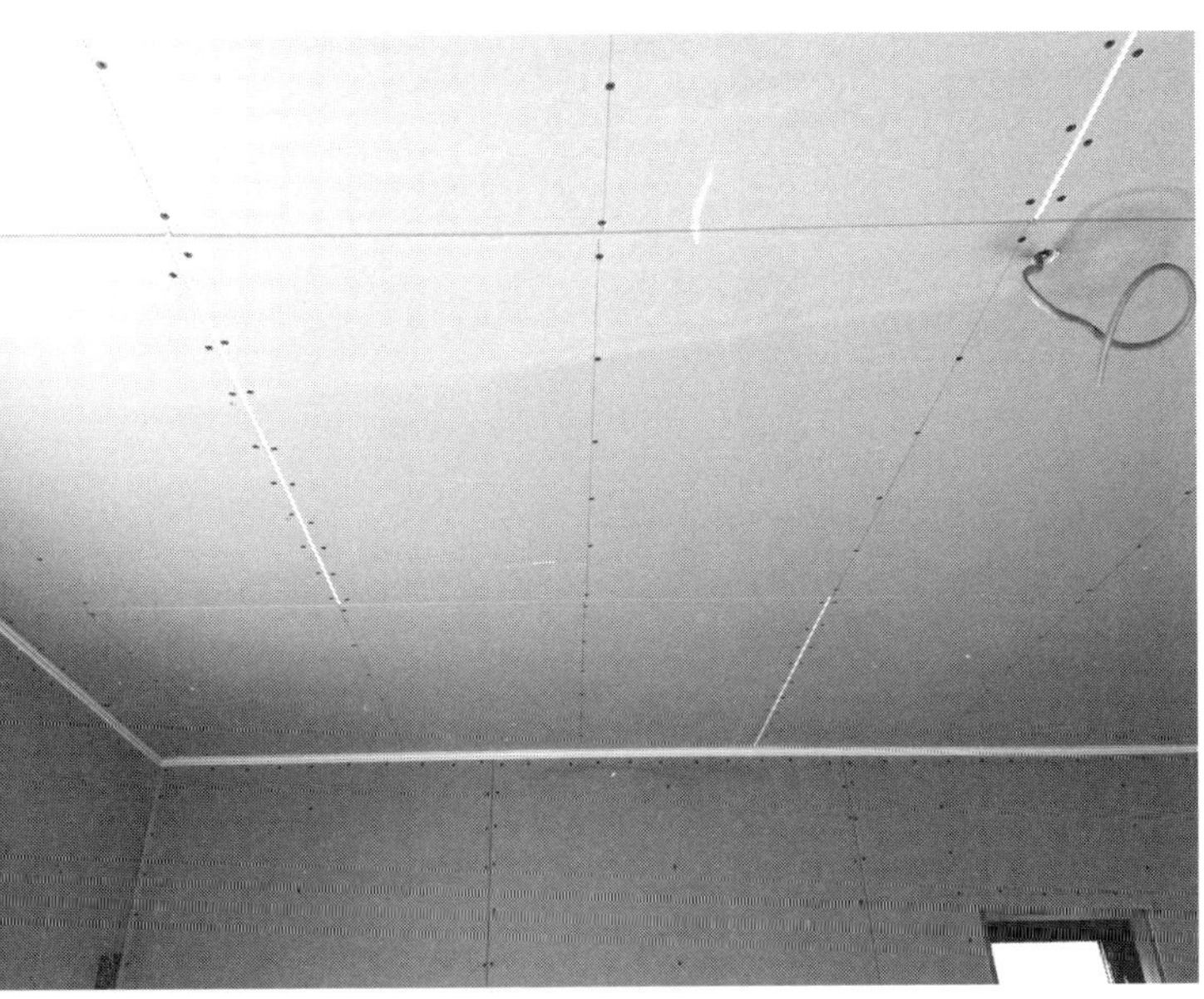

千鳥貼りされた石膏ボード

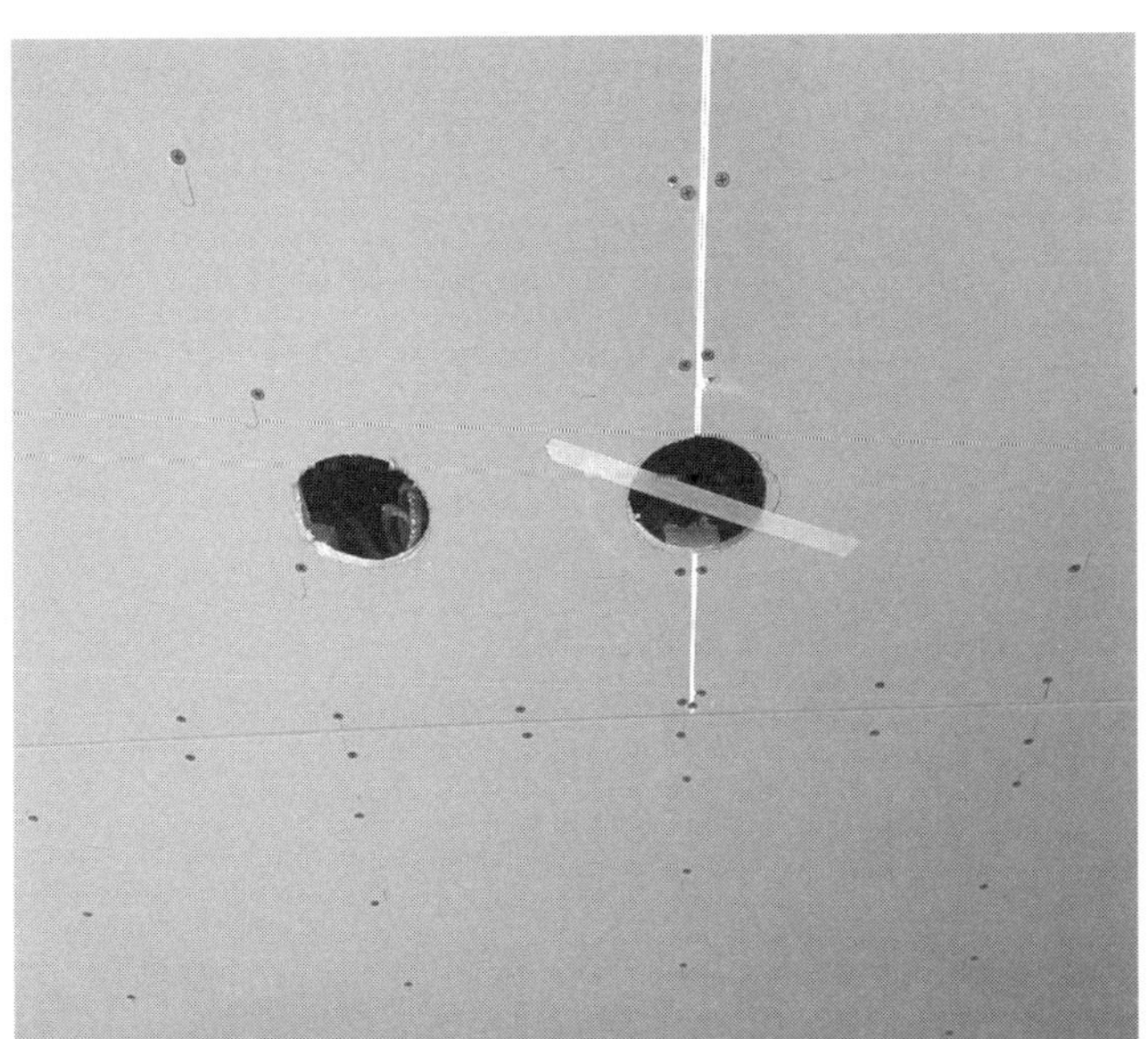

ダウンライトの設置穴が天井下地を切断してしまった現場

■外装工事完了

さて、外部の工事が完了したら仮設物の撤去を行います。足場解体は足場業者にて実施しますが、この時、外装に傷がつく恐れがあるので細心の注意が必要です。

できれば足場が外れる前に、屋根の上から外壁、サッシなどに傷がないか確認を求めましょう。足場解体から少したって、敷地内にある仮設物（仮設トイレや敷地を囲っている仮囲いなど）も撤去します。仮設撤去がされないと、最後の外構工事を始められません。計画日程より仮設撤去が延びるようだと、外部の仕上げを急ぐことになり、工事が雑になる恐れがあります。

プロ施主チェック！【外構工事直前・仮設撤去】

- 外装仕上げに傷や汚れなどはないか
- 設計図書通りにすべての外部部材が設置されているか
- 予定通りの日程で、仮設物の撤去が行われているか

なお、仮設撤去をすると敷地は開放されますから、心配な方は防犯対策などを事前にすり合わせしておくべきです。

■壁と天井の仕上げ

ここまで来ると内部はいよいよ最終段階で、仕上げ工事に入っていきます。天井や壁の仕上げはクロス（壁紙）仕上げか左官塗り（塗り壁）仕上げが一

パテ打ちで石膏ボードの継ぎ目を隠す

般的です。

石膏ボードの継ぎ目は、下地処理をしておかないと仕上げてから目立ってしまいます。そこで写真のようにパテ打ちなどで下地処理を施します。

当然、パテ打ちの幅が広ければ、仕上がり時に下地影響（石膏ボードの段差や不陸など）が減りますから、事前にパテ幅をヒヤリングしてすり合わせしておくのが有効な手です。パテは複数回打ち（塗り）ますが、できれば最終のパテ幅50㎝は欲しいところです。

クロスはカッターで切りながら貼っていきます。この時、下地の石膏ボードのボード紙を一緒に切ってしまうと、クロスの継ぎ目が開いてしまいますから、丁寧な施工が求められます。下地を切らないように下敷きテープを使用するクロス屋さんなどが丁寧な部類と言えます。

プロ施主チェック！【壁・天井仕上げ】

- 設計図書通りのクロス品番か確認するとともに、クロス糊はホルムアルデヒド規格をクリアしているかも確認する
- 貼り分けやアクセントクロスなどがある場合には、事前確認をしておくことが望ましい
- パテ幅の確認と、クロス貼りの際の下敷きテープの使用有無を予めすり合わせしておく

なお、クロスは糊で貼っていくのですが、糊の拭き残しがあると時間がたってから糊が浮いてきます。引渡し前の施主検査では、拭き残しがないかをしっかり見ておきましょう。

■仕上げ工事

クロス貼りが完了したら、設備類の器具付けとクリーニングを実施し、あらかた完成です。皆さんがプロ施主として要所での品番確認などを実施していれば、ここまで来て大きな問題は生じないでしょう。

なお、住宅会社のクリーニングは「美装工事」と呼ばれるものですが、これはイメージされているクリーニング品質にはほど遠いと思います。しっかり細部まできれいに……というのではなく、整理整頓（工事中の養生を撤去する）した後でざっと清掃する程度です。

きれい・汚いは、主観の問題もありますが、どの程度を求めているのかを説明し、それが可能かどうかを事前に決めておくと、最後に嫌な思いをしないで済むかもしれません。

PART 12

外構工事、竣工検査

最終チェックは入念に

■外構工事

外部の最終工事は外構工事です。契約形態によって施主支給工事だったり別途工事になるケースも見受けられます。外構工事が請負契約に入っている場合は、外構工事が完了して初めて「建物完成」になるわけですから、残工事がないように工程管理と品質管理をしてもらい、報告を受けましょう。

■社内検査

クリーニング実施後に、通常は住宅会社が社内検査を実施します。最終的な完成状態を確認し、引渡しに向けて最後の総仕上げです。図面通りにできているか？はもちろんですが、傷や汚れなど美観的なチェックも実施します。

また、建築確認申請通りに建物ができているか？を審査機関が検査します（とはいっても非常に簡単な検査ですが……）。問題がなければ、無事に写真のような検査済証が発行されます。

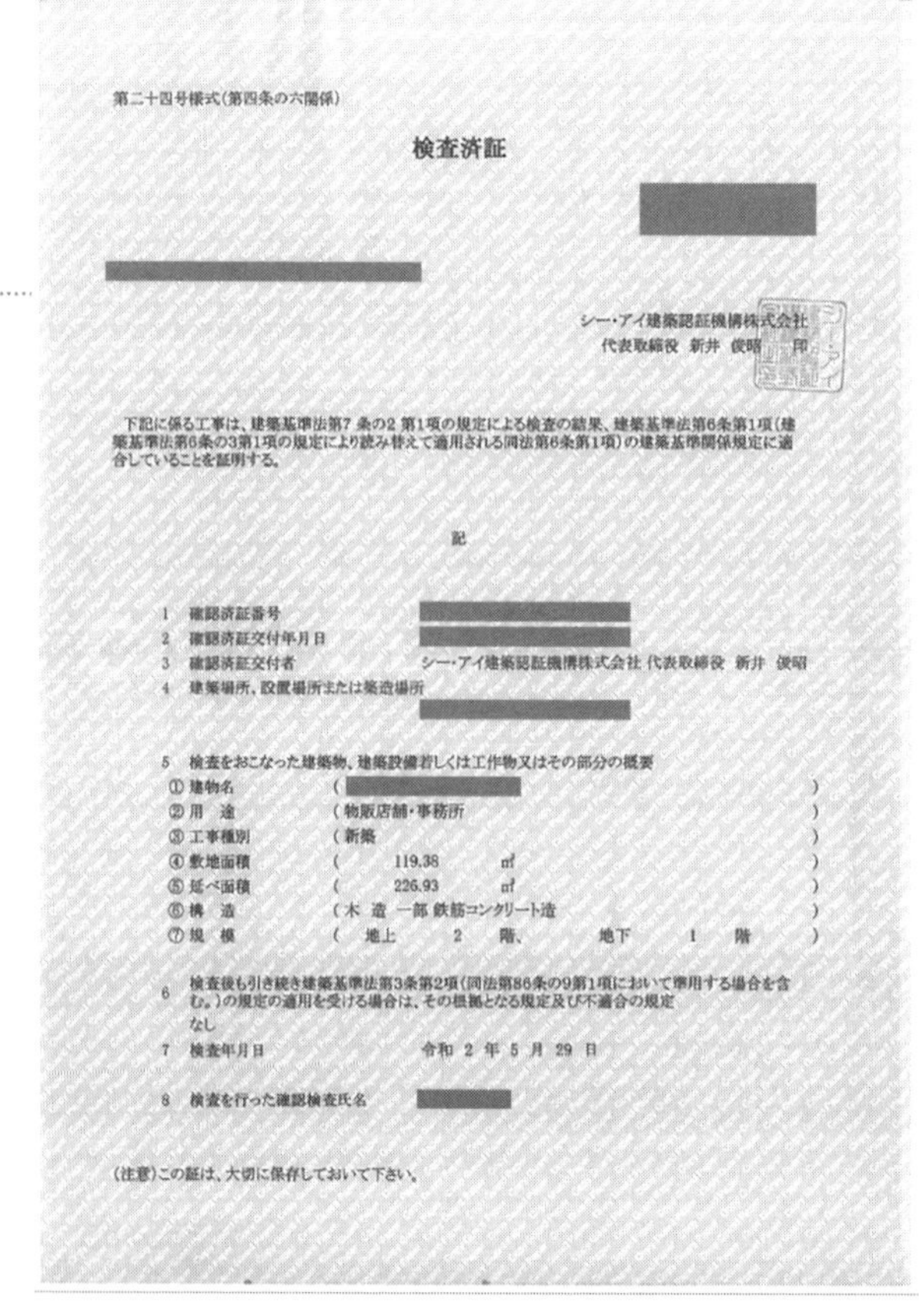

第二十四号様式（第四条の六関係）

検査済証

シー・アイ建築認証機構株式会社
代表取締役　新井　俊昭　印

下記に係る工事は、建築基準法第7条の2第1項の規定による検査の結果、建築基準法第6条第1項（建築基準法第6条の3第1項の規定により読み替えて適用される同法第6条第1項）の建築基準関係規定に適合していることを証明する。

記

1　確認済証番号
2　確認済証交付年月日
3　確認済証交付者　シー・アイ建築認証機構株式会社 代表取締役　新井　俊昭
4　建築場所、設置場所または築造場所

5　検査をおこなった建築物、建築設備若しくは工作物又はその部分の概要
①建物名　（　）
②用　途　（物販店舗・事務所　）
③工事種別　（新築　）
④敷地面積　（　119.38　㎡　）
⑤延べ面積　（　226.93　㎡　）
⑥構　造　（木　造　一部 鉄筋コンクリート造　）
⑦規　模　（　地上　2　階、　地下　1　階　）

6　検査後も引き続き建築基準法第3条第2項（同法第86条の9第1項において準用する場合を含む。）の規定の適用を受ける場合は、その根拠となる規定及び不適合の規定
なし
7　検査年月日　令和 2 年 5 月 29 日

8　検査を行った確認検査氏名

（注意）この証は、大切に保存しておいて下さい。

この後には、いよいよ皆さんの施主検査が待っているわけですが、社内検査の結果報告を受けてから施主検査に臨みたいところです。特に設備の試運転関係を確認未実施で進めていく現場監督も大勢いますから、プロ施主の皆さんであれば、電気やガス、水道の施工状況確認をしてもらうようにしてください。

プロ施主チェック！【社内検査】

- 社内検査の結果報告を施主検査前に受ける
- 設備関係の施工状況を確認。試運転の実施状況も確認
- 電力会社、ガス会社、水道局など管轄行政の確認が完了したかを確認

■施主検査

完成した家の状態を皆さんが最終チェックするのが「施主検査」です。

多くの会社はこのタイミングで、お手入れやメンテナンスの説明、機器の使用方法説明などを合わせて実施します。所要時間は2時間程度を見込んでいる会社が多いでしょうか。

皆さん側が1名で施主検査に向かうと、お手入れなどの説明もあって十分な検査時間が確保できません。必ず複数人で施主検査に行き、役割分担を決めておくとよいでしょう。

とは言っても、検査に慣れていない皆さんにとって「2時間」は十分に確認できる時間とは言えません。汚れや傷、クラックなどのチェックは比較的皆

施主検査は時間の余裕をもちたい

さんきっちりしますが、水道はきちんと出るか、電気やガスはちゃんと点くか、エアコンや換気扇は……といった当たり前のことは意外にノーチェックの方も多いので、じっくりチェックしましょう。

そのためにも所要時間の交渉は事前に済ませておき、納得のいく検査を済ませた上で引渡しを受けてください。

■引渡し

施主検査が終われば、いよいよ引渡しです。建築請負代金の振込を前日までに行い、支払いが完了したら新居の鍵を受領するという流れが一般的です。引渡し時には建物登記の完了や火災保険への加入など、するべきことがたくさんあります。また、引っ越し業者の手配などで「てんてこ舞い」になる方も大勢います。

住宅会社に「誰が」「何を」「いつまでに」しておかなければいけないか？ のリストを作成してもら

い、手配漏れがないように余裕をもって引渡しを迎えましょう。

当然、施主検査で修正の指摘が挙がったものがちゃんと直っているか、確認を行ってから受領のサインをしてくださいね。また受領書類も多岐に渡ります。引渡し時には、住宅会社は施主に「工事監理報告書」という書面を提出する義務がありますが、未提出の会社も見かけますから、要注意です。

おわりに

家づくりのゴールは引渡しではありません。実は、実際に住んでからがスタートになります。ですから、本書のこれまでの解説は単なる「スタート前の準備」ということになります。長い準備ですね（笑）。

というのも、皆さんが「家の価値」を正しく評価できるのは、住んでから、だからです。また、家族の成長や構成変化などにより、家に求められる機能はその都度変わっていきます。引渡し時がベストで時間が経つにつれマイホームの価値がだんだん下がっていくようではいけません。せっかく建てた家で長く幸せに暮らし続けるため、モアベターなスタートが切れるようにするには準備が必要です。

建てた後のトラブルで当センターに相談に来られる方の多くは、建てる前とその後のギャップに苦しんでいるように思います。「こんなはずではなかった」「プロなんだから任せていたのに……」という例はたくさんあります。

厳しいことを言うようですが、これはご自身の勉強不足も一因です。

残念ながら、すべてがパーフェクト、100点満点の家づくりは不可能です。無尽蔵に予算があり、広大な敷地をお持ちであれば別ですが、一般的には何かしらの制約があり、優先順位をつけて、ある部分では妥協していかなくてはなりません。

100%満足の家づくりは無理でも「100%疑問のない家づくり」は可能だと思います。疑問を払拭するためには事前に勉強をし、質問を繰り返していくしか道はありません。営業担当者は訊かれないことは説明してくれないことが多いですから……。

もっとも「何を質問していいのかわからない」という声が聞こえてきそうですね。本書をお読み頂くなかで、もっと知りたいな……と思ったものはWEB検索などでお調べ頂き、知識を蓄える癖を付けてください。

そうした意味もあり、本書の中に出てくる専門用語に深い解説は付けておりません。満足度を左右するのは、「疑問のない家づくり」にどれだけ近づけたかどうか、だと思います。そのために自分で100%のチェックをするのは無理でも、決してお任せにせず、住宅会社とコミュニケーションを取りながら、失敗のない、そして後悔のない家づくりをしてください。

本書がその一助になることを祈念しています。

一般社団法人住まいと土地の総合相談センター
代表理事　市村崇

住まいと土地の総合相談センターのサービス

②

ハウスメーカーで
家を建てるなら…

現場インスペクション

是正指摘(ダメ出し)のある現場は「90%超」。
だから「第三者チェック」が必要です!

私たちのインスペクションは、現場での「指摘・是正」にこだわります!

- ✓ ハウスメーカーの裏側を知り尽くした我々が、皆様の代わりに現場を検査!
- ✓ 問題があれば、その場で厳しく検査・改善を求めます。
- ✓ 工事中の工程検査にこだわり、完成後は隠れてしまう個所をその場で検査し是正指導。住んでからの問題発生を未然に防ぎます。
- ✓ 現場の各工程を検査する「新築インスペクション」だけでなく、契約前に各社のプランや設計、見積などをプロの目で比較検討する、当センターならではの「契約前インスペクション」も可能です。

住まいと土地の総合相談センターのサービス

③

家づくり現場は自分で見極める

プロ施主育成塾

一生に一度の家づくりは自分でしっかり現場を確認したい!
実践型育成塾で「プロ施主」目指しませんか。

現場を知り尽くした当センターだから伝えられる!
実大研修施設で短期集中型の実践塾を開校します。

こんな方におススメです

- ✓ 工務店からホームインスペクター介入を断られた
- ✓ 短期間で建設現場の品質チェックポイントを学びたい!
- ✓ 建設会社は信頼したいけど自分が納得した家づくりをしたい
- ✓ とにかく自分の目で見て納得しないと気がすまない!

アクセス

施設所在地(千葉):千葉県千葉市稲毛区緑町　※完全予約制
京成線みどり台駅徒歩4分、JR総武線西千葉駅徒歩9分

詳細はこちら ▼

https://e-home-inspector.com/service/prosesyu/

※受講時使用

装丁◉桜井勝志（アミークス）
本文デザイン・図版作成・DTP◉桜井勝志（アミークス）
編集◉飯田健之
編集協力◉松山久
協力◉一般社団法人 住まいと土地の総合相談センター

プロ施主になって家づくりを10倍楽しむ本

2024年5月9日　第1版第1刷

著　者　市村崇
発行者　伊藤岳人
発行所　株式会社 廣済堂出版
〒101-0052　東京都千代田区神田小川町2-3-13
M&Cビル7F
電話　03-6703-0964（編集）
03-6703-0962（販売）
FAX　03-6703-0963（販売）
振替　00180-0-164137
URL　https://www.kosaido-pub.co.jp/

印刷所
製本所　株式会社 暁印刷

ISBN 978-4-331-52410-7　C0052